[日] 横山信弘————著　韩冰————译

不会刷任务，
你怎么带团队

優れたリーダーは部下を
見ていない

中国科学技术出版社

·北　京·

北京市版权局著作权合同登记　图字：01-2022-3421。

图书在版编目（CIP）数据

不会刷任务，你怎么带团队 /（日）横山信弘著；
韩冰译 . — 北京：中国科学技术出版社，2022.8
　ISBN 978-7-5046-9725-7

　Ⅰ . ①不… Ⅱ . ①横… ②韩… Ⅲ . ①企业管理—团
队管理 Ⅳ . ① F272.90

中国版本图书馆 CIP 数据核字（2022）第 135393 号

策划编辑	杨汝娜
责任编辑	庞冰心
版式设计	蚂蚁设计
封面设计	马筱琨
责任校对	吕传新
责任印制	李晓霖

出　　版	中国科学技术出版社
发　　行	中国科学技术出版社有限公司发行部
地　　址	北京市海淀区中关村南大街 16 号
邮　　编	100081
发行电话	010-62173865
传　　真	010-62173081
网　　址	http://www.cspbooks.com.cn

开　　本	880mm×1230mm　1/32
字　　数	103 千字
印　　张	6.25
版　　次	2022 年 8 月第 1 版
印　　次	2022 年 8 月第 1 次印刷
印　　刷	北京盛通印刷股份有限公司
书　　号	ISBN 978-7-5046-9725-7/F・1031
定　　价	59.00 元

前言

当今的管理者真正需要的是什么

你的员工在工作时，是否精力充沛、干劲满满？他们在工作中能获得成就感吗？

有的员工在工作时，能够发挥自己的主观能动性；而有的员工要么总是等待管理者的指示，要么过于自作主张。

我是一名企业顾问，我的工作是深入企业内部，协助企业达成商业目标。在从事顾问工作的十多年时间里，我深刻地体会到，每个组织的管理者都面临着各式各样的问题，他们总是感到苦恼和焦虑。特别是随着时间的推移，这些苦恼和焦虑越来越深，已经到了难以解决的地步。拿起本书的你，或许也有同样的感受。

当今，我们身处的环境在不断变化，每年日本都会遭遇自然灾害，同时，新冠肺炎疫情等意外情况正在全球肆虐。因此，管理者的工作方式也正随之发生急剧的变革。在瞬息万变的外部环境的影响下，管理者要面对的是具有多样价值观的员工。除非你有强大的内心，否则很难轻松地驾驭这些风浪。

相信你在经营和管理企业时也遇到过上述这些困难。为此，我想为你送上一些建议。那就是，不要紧盯着员工的一举一动。凡事都以员工为中心，员工在工作时就能有愉悦的心情吗？对工作就能充满热情吗？

我想告诉你，现在是时候停止思考这些事情了。那么，管理者应该把目光投向哪里呢？你可能会问："究竟哪方面是我应该关注的焦点呢？"我的答案是"任务"。你应该专注于公司中的任务，并去实现和完成它们。这一点我会在后文中详细介绍。当然，这并不代表你不应该关心你的员工。但首先你要做到的是任务必达，这样才能达成公司的目标，才能让你的团队变成一个能够快速且有效地完成任务的团队，你的员工也会自然而然地轻装上阵，脸上焕发着蓬勃的朝气，在工作中获得成就感。

这一切都始于我的一个客户，是他教会了我转变思维的重要性。

逆向思维改变了我的想法

在大约13年前，那时我30多岁，一位经营者教会了我一个非常重要的道理。

那时候我总是感觉很疲惫。在某个周末，我参加了一个经营者研讨会，但是我没有融入与会者的圈子，只是一个人孤零零地坐在自己的座位上。当有人走过来对我说："横山先生，你看起来总是那么累。"我只能回答道："是啊。"工作让我疲惫不堪，一大早我就连回话的力气都没有。我想大家应该都经历过这样的时候吧。那时的我每天都是这样的状态。不过，就在那一天，我正在与其他与会者共进午餐时，一位比我年轻约5岁的经营者和我们聊到，他总是会在他住的酒店的游泳池里游几千米，如果没有游泳池，他就会在酒店周边跑十多千米。

听到这话的我，简直不敢相信自己的耳朵。于是我问他："你经常出差，总是在日本各地到处飞，怎么还有精力做这么多运动呢？我也想锻炼身体，但总是感觉太累了，真的做不到像你这样。"那位经营者回答我说："横山先生，你不要想因为人太累了所以没办法运动，而要想正因为运动，人才能收获一个不会感到疲惫的身体。"

不知道你是否能理解这句话，但就在那一刻，我的心灵受到了非常大的冲击。困惑了我许久的问题突然一下子就解决了，我的视野也变得豁然开朗了。他对我说的那番话，至今我都还记得。

这种逆向思维是我以前的思维盲区。我现在已经跨入50岁的门槛，到了知天命的年纪。我现在手上的工作比那时还要多得多，但我仍然可以精力充沛地从容应对，每一天都神采奕奕。这都得益于我能够持之以恒地运动，虽然运动量不及那位经营者多，但我每天都会坚持锻炼身体。

这种逆向思维同样可以运用在对员工的管理上。并不是说员工对工作充满激情就能取得好的业绩，而是说正因为完成当下的任务，有机会做出成绩，员工才会喜欢自己的工作并从中获得成就感。这十多年来，我一直非常注重逆向思维的运用。

不要优先考虑员工的成就感

我想问管理者们一个问题，我们常说的成就感到底是什么意思？

所谓的成就感，通常被用来描述做某件事情所获得的价值。我们习惯说"获得成就感"，所以它一定是一个完成形式的动作。因此，如果优先考虑成就感或工作的价值，你就会深深陷入烦恼之中。

我们应该优先考虑的是任务。按部就班地完成一个又一个任务，员工自然会收获成果，得到管理者的赏识。长此以往，员工就会感觉到自己的努力和付出是值得的。这样一来，成就感或工作的价值就不是前因，而是后果。当你干脆利落地完成手头的任务并达成目标时，你就会有一种成就感，让你感受到了工作的价值和意义。

让我明白这个道理的是我们公司的客户们。我是一个帮助公司实现商业目标的企业顾问，我关注的重点始终是公司的目标。当然，我也会将员工的成就感或工作的价值考虑在内。不过，我并不会以此为目的来帮助我的客户。那些有明确目标并朝着目标一往无前的公司，最终一定会茁壮成长。公司的成员们也会团结一心，共同朝着同一个目标努力。

你知道这是为什么吗？因为员工们会这样告诉我"虽然遇到了一些难题，但最终我们实现了目标，非常有成就感"或"获得了客户的肯定，所有的辛苦都是值得的"。因为他们有一个目标，而且为了实现这个目标快速且有效地完成了任务，所以会觉得有成就感，并越来越接受这样的工作模式。

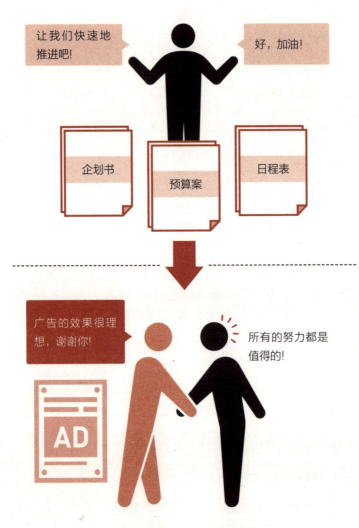

成就感是由工作得出的结果

日本式雇用体系终结的时代即将来临

在过去的几年里，经营者的工作环境发生了巨大的变化。如果不提及这一点，那么我想在本书中与读者们分享的观点就无从谈起，所以，我想先谈谈这个话题。

2019年5月，日本经济团体联合会主席中西先生曾经表示，日本企业的终身雇用制"正在遭受制度性疲劳"，即制度已经滞后于现实。同时期，丰田公司总裁丰田章男也曾说过，日本已经陷入了终身雇用制难以为继的局面。在这种不利的环境下，新冠肺炎疫情又开始在世界各地肆虐，许多公司都引入了居家办公制度。你的公司也有着同样的经历吧？

因为直接接触自己的员工已经不像以前那么容易了，所以许多组织的管理者都在这一时期陷入了严重的困境。而随着日立公司和富士通公司宣布开始导入"成果主义雇用制度"，长期以来日本企业依托的"日本式雇用体系"终结的时代即将来临。你也许会觉得我的说法有点夸张，但我不这么认为。

"日本式雇用体系"指所谓的成员型雇用制度。这种制度使用的是一种把工作分配给人的管理思维。人是第一位的，工作是第二位的。这是一种非常日式的思维模式，即看重员工的作用。从中长期的角度来看，成员型雇用制度会让员工觉得工作更有保障，满意度也更高。或许你的公司也更偏向于使用把工作分配给人的管理思维。

另外，欧美国家普遍采用的是把人分配给工作的成果主义雇用制度。这对公司来说是一种非常省事的管理思维模式。在极端情况下，等有工作要做的时候，公司现寻找员工也可以。不过，成果主义雇用制度真的能在日本生根发芽吗？如果真的在日本引入成果主义雇用制度，那么员工在工作中的成就感、对于工作的期待和热情，以及工作的乐趣都会荡然无存。这就是我的感受。

打造以任务为中心的团队

于是，我想要提倡一种"刷任务"的全新概念。所谓"刷任务"，就是指快速且有效地处理任务。这个概念非常简单易懂。"刷任务"这个词，在日语里写作"サクタス（sakutas）"，读起来和表示成功的单词"success"很像，在语感上包含良好的寓意，所以我喜欢在自己的公司里用这个词指代快速且有效地处理任务，有意识地把任务放在首位非常重要。在前文中，我把成员型雇用制度归为以人为导向的一派，把成果主义雇用制度归到了以工作为导向的一派。而我提出的"刷任务"，是属于成果主义一派又略带日本特色的一种管理思维模式。

为了向成果主义雇用制度转型，我们需要创建一个工作说明书或职责说明书，这一点我会在后文中介绍。然而，如果在这些文件中对工作或职责进行了定义，那么当下属被委派做某项工作时，他们很有可能会推辞说"那不是我的工作范围"或"我加入这个公司的初衷不是来做这种工作的"。如果发生这种情况，管理者就会很头疼。因此，应该用"以任务为导向"的观念替代"以工作为导向"的观念。

我们应该以任务为中心组建团队，每天都以快速且有效地处理任务为目标。这样一来，就会减少许多管理上的麻烦，员工们能在工作中获得成就感，而团队也能发挥出大家的力量，实现压倒性的工作效率优势。

十几年来，我们公司作为帮助企业实现商业目标的顾问团队，每年通过讲座和培训帮助的经营者和管理者有2000名以上。我们提倡的管理方法很简单：摒弃浪费的行为，只关注与目标直接相关的任务。这种思维方式与日本传统茶道和花道的理念有相通之处。而这种特别的工作方式，让许多公司在三个方面实现了成功。

第一，使团队的目标更容易实现，这会让公司在经济上实现一定程度上的自由。第二，当员工能够工作得更加高效时，公司就能在时间上比较充裕。第三，如果在财富和时间上都绰绰有余，公司的员工就会拥有每个人都渴望的精神上的满足感。

当今，许多日本人在工作中都会被精神负担压得痛苦得喘不过气来，而获得了精神上的满足感的你，将会和它们说再见。其实，在一个团队中，出现浪费时间和摸鱼①现象，并不全是坏事。这里并不是说要组建一个员工全在浪费时间和摸鱼的团队，我们应该运用逆向思维来看待这种现象。如果结果是成功的，那么出现浪费时间和摸鱼现象也没关系。分享从团队目标中细分出来的任务，并快速且有效地处理，我把这样的团队命名为"刷任务团队"。从

---

① 网络流行语，指偷懒，不务正业，不干正事，或在集体活动中不出力。——编者注

"以人为导向"转为"以任务为导向"的团队，就是"刷任务团队"。

现在，是时候将你的团队转变为"刷任务团队"了，其方法我会在本书中为你详细介绍。

目录

有效激发员工积极性的神奇管理技巧

什么是"刷任务"

正如我在上文中提到的，我在公司中习惯把快速且有效地处理任务称为"刷任务"。接下来，让我们看看刷任务具体是一个什么样的工作模式。

如果是随随便便地快速将任务处理完了事，那就不是我说的刷任务。在日语中，形容流畅的"刷啦啦"是一个拟态词①，和"嘎嘣脆"或"光溜溜"等拟态词是一样的，它表现了事情以轻松愉快的方式推进的样子，所以如果是刷任务，轻松和愉快就是其关键。

我们也可以感性地看，从时间这个切入点来分析"刷"的含义。花多长时间完成一项任务会给人一种顺畅、干脆利

---

① 日语中用象征说法来表现某一种动作或状态的词。——编者注

落的感觉呢？我们可以准备一些包含数字的模型，这样会使抽象的事物更加具体。

- 这是一项可以在1天内完成的任务吗？
- 这是一项可以在5小时内完成的任务吗？
- 这是一项可以在1小时内完成的任务吗？
- 这是一项可以在30分钟内完成的任务吗？
- 这是一项可以在10分钟内完成的任务吗？
- 这是一项可以在5分钟内完成的任务吗？

像这样列出多种选项，就会更加直观。在很大程度上，如果需要花五六个小时来完成一项任务，那就谈不上是"刷"。把工作想象成干家务活，就会很容易理解。"刷"这种感觉就像是一口气做完了一整套家务活，包括晾晒衣物、清洁浴室、整理房间、打扫地板和倒垃圾，如果不是这样，你就无法体会到爽感。

从感觉上来说，一个任务在1小时以内完成比较合适。如果完成一项任务的时间超过了1小时，我觉得就与形容事物快速推进的"刷"这个字不符了。因此，我将"刷任务"

定义为依次处理一个个在1小时内能够完成的任务的工作模式。对于快速且有效地处理一项任务来说，"1小时内"的时间标准只是一个参考值，也可能有超过1小时的情况，但是尽量把时间控制在1小时内的意识非常重要。

通过逆向思维获得积极性

当一个人把"刷任务"当作工作口号后，他的身心就变得轻松自在了。在过去，总有一些团队成员在工作时拖拖拉拉，认为"这项工作等一下再做也不迟吧"或"真的有必要让我做这项工作吗"，而一旦采用了刷任务工作模式，他们就会二话不说迅速开始行动，高效完成任务。有太多这样的例子，简直不胜枚举。

过去，当我对一个总是找借口、缺乏行动力的员工谈起刷任务的概念时，起初他会说："什么是刷任务啊？听都没听说过。"但是，这种现象只是暂时的。当他们把需要做的事情分解成一个个任务，并按部就班地处理时，工作就会变得轻松有趣起来。这时，他们甚至会向管理者申请，想要完成更多的任务。

　　这很不可思议吧？为什么员工在体验过刷任务后，会发生如此大的变化呢？为了能更好地解释，在这里我引用日本东京大学脑科学研究员池谷裕二教授的一句话："积极性这个词，其实是由那些没有积极性的人编造出来天天挂在嘴边的。因此，想要凭空激发出积极性，简直是无稽之谈。"我非常喜欢这句话。

　　那么，我们到底应该怎么做呢？根据池谷裕二教授的说法，如果想要激发出一个人的积极性，关键在于让他的胳膊和腿动起来，并刺激其大脑中的名为伏隔核[①]的区域。通过激活伏隔核，分泌多巴胺[②]，唤起人们去做某事的欲望。也就是说，我们在做一件事之前，并不存在积极性，而我们在完成一件事之后，才会培育出积极的态度。结论就是，我们可以运用逆向思维思考如何获得积极性。因此，在刷任务的过程中，员工在体验过如下的心路历程后就能够一个接一个

[①]　也被称为依伏神经核，是一组波纹体中的神经元。在大脑的奖赏、快乐、笑、成瘾、侵犯、恐惧以及安慰剂效果等活动中起重要作用。——译者注

[②]　一种神经递质，主要具有传递神经信号、调节神经系统功能的作用。——编者注

地把任务干脆利落地处理完。

（1）没有积极性。

（2）总之先处理任务。

（3）感觉有了动力。

（4）处理更多的任务。

（5）积极性越来越高。

（6）任务的处理速度也越来越快。

如果你把这个过程想象成骑一辆带有变速器的自行车，就能很容易理解。人们在刚开始骑行时都会用低档，过了一段时间，当你习惯了这个速度时就可以换高档了。速度在加快，但蹬踏起来很轻松，让你觉得越骑越有意思。最后，即使你把变速器调到最高档，也仍然可以平稳地蹬踏，此时你的情绪高涨，根本不想停下来。

总之，即使员工没有积极性，也可以通过行动来刺激他们的伏隔核，让大脑分泌多巴胺。因此，如果让员工连续处理任务超过20分钟，他们就会体验到工作的兴奋感，刷任务刷到停不下来。

如果你懂得了这个原理，就能顺利地完成一个又一个任务。用骑自行车来比喻，就是如果把"第一脚踏板"踩对了，你就能一圈又一圈地顺利骑下去。所以，应该首先把刷任务当作工作口号，然后开始着手处理当下的任务。

完成以任务为导向的转变

今后，我认为那些能够刷任务的员工，会被分配到更多的任务。这是必然的，因为从目标细分出来的任务，并不会平均分配给每个成员。

这个任务交给员工A，那个任务交给员工B，这个任务也交给员工B，这个任务交给员工C，然后还是员工B……像这样任务量分配不均，也是无可奈何的选择，毕竟每个目标的完成都有一个期限。那么应该如何分配人力资源，才能确保在期限前高效地达成目标呢？我认为，管理者们在今后有责任思考清楚这个问题。

这里有一个值得牢记的要点。在一个刷任务团队中，任务不是以员工为导向，而是以目标为导向的。如果成员能够顺利完成一个个自目标而下的任务，团队就能够保持健康活力的状态。

这里我引入了一个自目标而下的概念。这个词是什么意思呢？请让我在这里稍作补充。自目标而下是团队管理的一种模式。在很长一段时间里，组织工作中都是"自上而下"和"自下而上"两种管理模式并存。近年来，还增加了"由中而上下"的模式，即位于最高管理层和一线员工之间的中层管理人员具有决策权。然而，不管是从上、从下，还是从中间开始决策，或是以何种方向实行管理，责任都依然在人与人之间传递，这一点是不会变的。因此，这样的团队管理仍处在以人为导向的模式下，管理者的压力丝毫没有减轻。

这时，我们应该转变观念，把目标放在最优先的位置，然后将其分解。具体来说，就是首先制定一个目标，为了实现这个目标，我们把它分解成几个大型项目。接下来，我们要把这些大型项目分解成稍小一些的中型项目，再进一步细分为若干个更小的小型项目。最后，将这些小型项目转化为一个个作业单位，也就是任务。

以上分析有没有帮助你厘清了思路呢？例如，制定一个通过引入远程办公的制度来提高组织工作效率的目标。这一目标可以分解为"通讯和作业环境""安全""管理""人

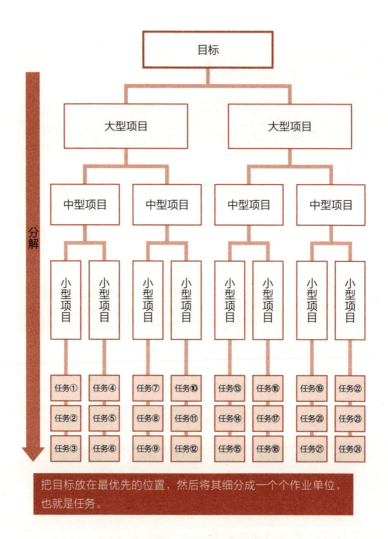

把目标放在最优先的位置，然后将其细分成一个个作业单位，也就是任务。

为了实现目标，应该以任务为中心

事考核"等相对较大的大型项目，而"安全"这一项又可以进一步细分为"制定准则""制作手册""硬件安全措施""技术安全措施"等较小的中型项目。接下来就可以将"制作手册"这个小型项目细分为何时执行、由谁执行、如何执行等任务。

即便公司提出了"让我们引入远程办公的制度，来提高组织的工作效率"的口号，也很难在第一时间确定为了实现这一目标，应该安排谁去做什么事。特别是如果从"让谁去做什么事"这个问题出发，你就会一直被困在起点，不知不觉地成为我将在第二章提到的"磨任务"团队中的一员。

如果你是一个管理者，你可能会在无意中这样自问自答："就引入远程办公的制度来提高工作效率吧。那么，我应该先安排谁来做什么事呢？"

你应该把诸如此类的话咽回肚子里。因为我们要逆向思考，在刷任务团队中，摒弃"让谁去做什么事"的管理思维。或者说，只考虑"把什么事安排给谁去做"。这样一来，许多问题都豁然开朗了。请你一定要尝试一下这个管理方法。

无论是远程办公或在外出差，都可以刷任务

在谈到成果主义雇用制度时，每个人心中都会抱有一个疑问：成果主义到底是什么意思呢？就算你向周围的人询问，或许也没人能给出一个正确的答案，他们还会反过来问你。

实行成果主义雇用制度时，一般需要准备工作说明书，里面详细说明了工作的具体职责、目标、责任和权限范围等事务，有的员工是因为符合这个工作说明书所需的人才才被招聘的。但如果不是这种情况，那么员工就不能开口要求"我只做某项工作"。如果他真这么说，那么他对团队来说就是一个麻烦。

所以，不要安排职务，而要分配任务。在我看来，最好把成果主义中的成果定义为从目标细分出来的最小的工作单

位（任务）。这样员工们也能清楚地了解他们需要做什么，不需要做什么。如果描述得过于抽象，员工们就会很容易误会和曲解他们所要做的工作。一定要记住，误会和曲解是工作效率的"敌人"。

误会和曲解对于一个需要快速且有效地处理任务的刷任务团队是有害的，它对沟通的双方都没有好处。所以，作为管理者必须要清楚地定义用语和规则，并确保在你的团队中真正地落实了。

你可以用"工作＝任务"的理念来实行管理。这样一来，作为管理者，你的头脑也会更加清晰。如果能够始终以任务为中心来看待问题，那么无论员工在多远的地方出差或居家办公，你也不必疑心他有没有在好好工作。例如，如果有一个分析潜在客户的项目，就可以将"向销售经理确认客户策略"的任务交给员工A，将"制定客户的挑选条件"的任务交给员工B，将"整理客户数据库"的任务交给员工C，将"提取潜在客户数据并建立清单"的任务交给机器人。在这种情况下，留给管理者的任务就非常简单了，因为管理者不需要管理进度。你可能会觉得难以置信，但的确只有在将项目交给员工的时候，管理者才需要盯着每个项目的进展情况。而在刷任务团队中，管理者把项目分解成任务，并把它们分派给员工，所以管理者只需关注整体项目是否能按时完成，管理者的工作也就轻松多了。

实行任务分解后，员工能够清楚地知道自己要处理哪些任务，不需要考虑多余的事，所以工作起来也很轻松。如果管理者把注意力过多地放在员工A、员工B和员工C等人的身上，员工们对于工作就不能像这样应付自如了。

你是否也有过这样的感受：有时我们的管理者会猜忌或多心，怀疑"员工A加班40个小时，而员工B只加班5个小时，那么员工B是不是在混日子"，或者"员工C的孩子还小，居家办公能不分心吗"。当你在管理一个以人为导向的团队时，往往会以这种方式思考。因此，我们应该把任务放在第一位。管理者不需要逐个确认员工有没有在好好工作，有没有在摸鱼，而只应该关注团队需要完成的任务是否得到了快速且有效的处理。

不瞒你说，我以前也是这样的。当我听说我的下属工作到深夜，或在周末也到办公室加班时，我会认为他们的确在努力工作。我甚至不知道他们一直在处理什么样的工作（即任务），但就是给我一种他们最近一直很努力的印象。当然，付出更多时间工作的人确实非常努力，这一点我不否认。然而，如果管理者一直仅凭感觉给出"你很努力"或"你做得很好"等评价，那么那些真正能够出色地完成工作，但由于没有自我展示而无法得到认可的员工的挫败感会越来越强。

日本Khaonavi人力资源技术研究所2019年的调查结果显示，员工对于人事考核不满意的方面有以下几点。超过一半的受访者表示"对考核结果不满意"，其次是"不信任考核者"和"不能接受考核的理由"，占比均居第二位。日本巨头人力资源公司Adecco2018年的调查结果也显示，员工对于人事考核最常见的抱怨是"考核标准不明确""标准不一，全凭考核者的价值观和经验而定，一点都不公平"。

反过来说，对自己绩效评估的结果感到满意的员工，也往往对职场有着很高的满意度和参与度，管理者不能忽视这个因素。此外，如果你太关注员工本身，而导致团队的既定目标没有达成，也会影响管理者自身的威信，可以说是雪上加霜。

自目标而下的理念减少了管理者的工作量

你的公司里是否也存在着这样的现象：每个人对工作都没有规划，总是临时决定当天的工作内容。这是最没有效率的工作方式，这样只会创造出假任务，而不是本书介绍的真正的任务。

无论是到办公室上班，还是在家进行远程办公，如果你在一天的工作开始之前，还不知道自己为了什么目的，要做什么工作（处理什么任务），那就真的成了问题。坦率地说，这样的员工很可怜。

如果用职业棒球来打比方，可能会给你一个直观的印象。假设你是一名职业棒球运动员，通常情况下，你会在比赛到来之前做好充分的准备，比如研究对方的球队等。你会考量球队的情况、自己的出场顺序以及自己在队内的角色，然后做出调整。但是，如果一个球员来到球场后才开始想"接下来，我该怎么办"，会怎么样呢？如果他们不和教练或指导员打招呼，就直接走进球场，开始练习投球，会怎么样呢？会有很多人感到很奇怪吧，但事实是有很多人都在做这样的事情。

我们公司的一位顾问曾经在一家客户的公司主持过一次晨会，在会议开始前，他向客户公司团队的每个成员提问："你今天要做什么？"尽管已经提前几天通知了他们，但大部分人仍然无法做出回答。就算有人回答，管理者也会纠正他们说："不，今天也要去开发新客户。"成员只好极不情愿地说："是这样的。"

如果每天以这种状态工作的员工转为居家办公，团队负责人就会担心得不得了。他们无法掌握员工在家里做了什么，也无法评估他们每天处理的任务能否帮助团队实现目标。无论工作有多难做、多辛苦，这一点也不会有所改变。管理者本人也不会获得成就感。所以，我们应该把注意力都放在从目标分解出的任务上。如果员工清楚地知道目标是什么，就会更有动力，想要努力工作和成长的意愿也就更强烈。另外，以目标为导向的思维方式能够让人打破条条框框，在管理上想出更多创意，这也是一个不容忽视的优点。

被分解出来的任务不一定要交给公司员工来处理。如果是偶尔才会有的任务，也可以在公司外寻找合适的帮手，还可以邀请外援加入团队，只为了完成这一个项目。如果项目要持续一段时间，可能就需要签订一份合理的长期合同。如果不是，那么签订一份合理的短期合同就可以了。

如今，公司使用众包①的方式招募员工，将需要外包的业务（任务）委托给他们，这种方式已经变得越来越普遍。还有一些任务我们不需要安排公司员工去做，甚至连人都不需要。我们可以选择把任务交给电脑，或者借助机器人流程自动化（RPA）等自动化科技来处理。

如果我们能够正确地分解出任务，我们也应该能够将它们分类为定式任务和应用任务。只要能事先确定要输入的数据和判断规则，机器人就能顺利地处理上文中提到的"提取潜在客户数据并建立清单"的任务。这是一个多么伟大的突破啊！

机器人能够根据客户的潜在条件，从客户数据库中提取

---

① 一个公司或机构把过去由员工执行的工作任务，以自由自愿的形式外包给非特定的（而且通常是大型的）大众志愿者的做法。——译者注

数据，并将它们填写在用软件创建的电子表格中。它可以轻松地按地区、按行业、按销售规模创建名单，甚至帮我们按公司名称排好顺序。它们可以帮我们快速地处理好任务，没有一句怨言，也从来不会感到厌烦。在未来，机器人将会成为一个团队的好伙伴。把任务交给机器人后，管理者就无须再盯着每一个进度，然后责备员工说：

"我告诉过你要根据客户的潜在条件提取数据吧？这些数据肯定不够，应该有300个以上的数据。为什么只有73个呢？重新再做一遍。"

"我说过要按地区、按行业、按销售规模创建名单吧？你为什么要按销售人员创建名单呢？"

"你花了4天时间，得到的就是这个结果？而且你已经超过最后期限2天了。算了，剩下的都由我来做，这样反而更快一些。"

这些对于管理者来说，很多都是额外的工作，而被责备的员工心里肯定也会想："如果你要说这样的话，那为什么不一开始就自己做，反而还要派给我们呢？"这就是为什么企业要引入机器人机制。我们目前正与一家大型机器人流程自动化供应商合作开发机器人流程自动化解决方案，以提高

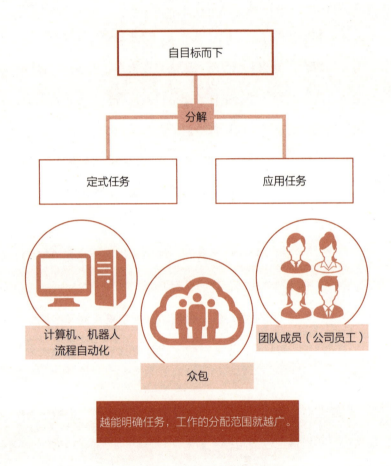

自目标而下为你提供更多选择

销售效率。

　　除了上述涉及某些判断规则的定式任务外，我们还在开发能够执行管理任务的机器人流程自动化，机器人的使用范围正在逐步扩大。

第一章　总结

　　刷任务就是指快速且有效地处理任务。如果能够连续不断地处理好一个又一个任务，那么员工就会自然而然地对工作产生积极性。

　　任务是从目标中分解出来的。首先制定一个目标，然后为了实现这个目标，我们要把它分解成几个大型项目，最后再将每个项目落实到一个个作业单位，也就是任务上。将思维模式由安排职务转为分配任务后，就能减轻管理者的负担，因为关注点从人转移到了任务上。任务不必由公司员工完成，而是由外部员工或机器人完成的现象将越来越普遍。

你的团队是利落型还是拖沓型

什么是磨任务团队

我把与刷任务团队相反的团队叫作磨任务团队。这种团队对待任务的态度总是磨磨蹭蹭、拖拖拉拉。你的团队是一个刷任务团队，还是一个磨任务团队呢？我将在本章中帮助你找到答案。

首先，一个磨任务的团队是什么样子呢？请看下面的对话，在这个场景中，管理者正在与他的团队成员讨论开发新客户的问题。

管理者："我们已经定下了本期的工作方向是开发新客户吧。明明都写在目标管理表上了，可这个业绩是怎么回事？上个月也完全没有达标吧！"

员工A："我们也知道业绩不好，可做起来并没那么容易。"

管理者："你说没那么容易，可你看看员工C，他的业绩不就成功达标了吗？"

员工A："可是，员工C负责的是另外一片区域。"

管理者："这是负责哪片区域的问题吗？你也经常加班啊，但根本没有开发出新客户，你到底在做什么？"

员工A："我正忙着接洽我们现有的客户。"

管理者："你不是有一个助理吗？已经给你分配了一个助理，为什么加班的情况没有改善呢？"

员工A："我也没办法，毕竟有很多工作要做。"

员工B："请允许我说两句。我觉得我们一开始就把目标定得太高了。"

管理者："你说什么？"

员工B："我们去年定的目标也没有达成，而今年的目标比去年还高了10%，不知道意义何在。"

员工A："我同意，同事们都说这个目标定得太高了。"

管理者："你们这些家伙，亏你们说得出口。大家不是在年初保证一定会达成本期目标的吗？"

员工A："但现在大家都不认可这种指标主义。"

员工B："没错，我听说有些公司取消了强行分派指标的做法后，员工的业绩反而提高了。"

管理者："如果你有这样的抱怨，不要跟我说，去跟社长提。总之，我会一直在这里帮你们想其他办法的，所以不到最后请不要放弃。"

看完这段对话后你有什么感受？从这段对话中我们可以看出一些端倪。磨任务团队的一个特点是，成员们的沟通很多都是无效的，对话往往像上文例子中那样冗长而啰唆。同时，管理者下达的指示是模糊的，员工们也不知道自己应该做什么工作（任务）。因此，在这种团队中，成员们通常会抱怨"目标定得太高了"或"目标定得这么高的话，那工作还有什么意义呢"。

作为一个团队，一定要有目标。如果没有目标，那就不能被称为"团队"，而只能算是一个群体，一个人群。

磨任务团队的麻烦在于，员工们忘记了自己的初衷，甚至否认自己存在的价值。于是，团队内一直杜绝不了磨洋工现象。

磨任务团队的特征是模糊表达

想要实现刷任务，管理者需要具备将工作分解成具体任务的技能。然而，在我们合作过的公司中，许多中层管理人员和团队管理者一开始都无法做到这一点。我想这是因为他们一直习惯使用模糊的表达方式，只凭主观意愿或凭感觉表达工作内容，甚至一直使用模糊的表达方式，这样做的员工永远无法将工作转化为具体的任务。

下面列举一些磨任务团队里最常见的表达方式。

<典型的凭主观意愿表达方式>

- 鼓足干劲。

- 凭借毅力渡过难关。

- 不要紧张，放松。

<典型的凭感觉表达方式>

● 心存感激。

● 不断进步。

● 谨记要谦虚。

<典型的模糊表达方式>

● 要彻底地……

● 要积极主动地……

● 要快速地……

结合这些内容，我们可以想象到如下场景。

管理者在员工们面前说："新的工作阶段即将于10月开始。本期我们未能实现目标，但下一期我们要鼓足干劲，下决心取得切实的成果。我们要在部门内加强沟通，并积极主动地做好每一件事。大家都听明白了吗？"

话音刚落，下属们就紧接着回答道："明白！"

或者，管理者也可能这样说："那么，就由铃木带队的部门负责深度开发新客户，由佐藤带队的部门负责开发产品。我们要积极思考对策，开发出更多深受用户好评的产品。企划部门的负责人也表示会全力支持我们。从10月开始，我们要快速推进工作进度。大家都听明白了吗？"

下属们也一定会回答道："明白！"

类似上文的管理者的讲话，真的是随处可见。不过，仅靠这些鼓励的话，并不能有效地管理团队。当然，也不会帮助员工达成目标。在上文的例子中，这家公司一个月后的情况还是一塌糊涂：部门内部的沟通仍然不积极，新客户开发没有任何进展，产品开发由于日常的繁忙工作而停滞不前，企划部门的负责人仍然像往常一样，只是走过来问一声"最近进展如何"，远远达不到管理者所说的全力支持。

输入、处理和输出

　　我会建议企业的管理者不要使用抽象、模糊的表达方式，而是把重点放在分解任务上。这时，总会有客户反驳我说："如果我不训他们，现在的年轻人根本就不会认真干活。"那我也想问问他："即便如此，也没必要对下属使用这么抽象、模糊的表达方式。你能具体说一下你对他们的期望到底是什么吗？例如，'开发出深受用户好评的产品'具体来说是什么样的项目，是由哪些任务构成的呢？"

　　读到这里，也请你们思考一下该如何回答这个问题。大多数人被这样追问时，都不知道该如何回答。

　　"你说的深度开发新客户，具体应该怎么做呢？对于什么样的企业，通过什么样的方式，拜访多少次才算是深度开发呢？"对于这样的问题，大多数管理者都无法做出具体解释。还有人会说："话说到那个份上自然就明白了。"但其实这种模糊的表达方式让人难以理解，听者往往一头雾水。

先不说分解出的任务是否正确，把抽象的东西具体化本身就不是一件容易的事，它就像让你把最喜欢的咖啡杯砸碎，肯定要承受压力。

正如上文中所提到的，我正在与一家大型供应商合作开发机器人流程自动化解决方案，那些能够充分利用机器人流程自动化开展工作的管理者（能够合理地给机器人分配任务的管理者），也非常善于把抽象的概念和口号分解成具体的项目和任务。另外，那些抱怨"我不会使用机器人流程自动化"或觉得"机器人能处理的事情很有限"的人，明显对这种分解不太擅长。

那么具体来说，是怎么一回事呢？完成一项任务的步骤，可以简单地分为输入、处理和输出三步。为了得出什么结果（输出），需要什么信息（输入），然后应该用什么样的判断标准来处理呢？

弄清楚这些问题，就很容易把工作分解成最小单位的作业（任务）。下一步就是要养成这样做的习惯。例如你想尝试做一次西班牙海鲜炖饭，但你以前从未做过这道料理，那么你应该先从哪里入手呢？首先，你需要在大脑中输入一些信息，那么，需要输入什么样的信息呢？你需要输入的是与西班牙海鲜炖饭食谱有关的信息。因此，你可以把它落实为查找西班牙海鲜炖饭食谱的具体任务。接下来，你会得知做这种料理需要一种叫作藏红花的香料，所以你要获得这种香料。如果你的思路是"为了得到这样一个结果（输出），又需要哪些信息"，那么接下来的任务就会变得很清楚了（只要你知道在哪里能买到藏红花，你就能得到预期的结果）。

　　任务分解是一种技能，不是一教就会，需要在平时不断地训练。无论你做什么，都要问自己："如果把这件事分解成一个个任务会怎么样？会出现多少个任务？"并把它养成一种习惯。这样一来，你就会明白，完成一项任务，说到底只需要三步——输入、处理和输出，所谓化整为零就是这个意思。

用两幅图作对比

磨任务团队会辜负周围人的期待，员工对团队的满意度也很低，更谈不上所谓的工作积极性了。在这样的情况下，管理者如果还要考虑如何培养下属、提高员工的参与度，那就只是给自己无端增加多余的工作罢了。这样做只会让团队原本的目的（初衷）不再明确，员工们每天都在做无用功，浪费他们的时间和精力。

下面我将介绍刷任务团队和磨任务团队的具体区别，用图来表现会更加直观。

首先，请看代表刷任务团队的这张图。团队的目的（树干）是粗壮而鲜明的，实现这些目标的项目（树枝）也能一目了然。如果像这样将工作厘清，那么只需要较少的任务（叶子）就能够完成工作。

有一本名为《跟巴黎名媛学到的事》（*Lessons from Madame Chic*）的畅销书，书中写道，法国人的价值观是"身边的东西要少而精，并且要爱惜地使用"。我们从中可以学到很多东西。什么是人生的真谛？法国人的答案是过着充实的生活，与家人一起享受日常生活中点点滴滴的乐趣，就是人生的真谛。在商务活动中也是如此，我们绝不能忘记初心，不能忘记什么是重要的、什么是团队的根本、团队的目标是什么。就像上面这张图一样，让这些问题都清晰明了非常重要。这样，团队就不会把注意力放在无关紧要的事情上，从而拥有更多的时间和精力来达成目标。

让我们来看代表磨任务团队的这张图。

团队的目标（树干）是有的，但不是很清晰。而且出现了许多与目标没有直接关系的项目（树枝），不知为何，任

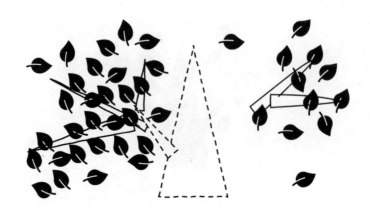

务（叶子）也多得离谱。这棵树的整体画面不仅不美观，且最重要的是它无法保持平衡。这意味着团队做了工作却没有得到任何成果，他们作为一个团队似乎没有任何凝聚力。如果能够时常绘制一些这样的任务树，你就能掌握团队目前的状况了。

管理人时会出现的问题

在去现场开展工作的时候，我发现团队中的大多数问题都与人有关。在你的工作环境中也是这样吧？比如：

"我和居家办公的下属沟通得很不顺利。"

"没办法缩小优秀的销售人员和落后的销售人员之间的差距。"

"我们进行了员工满意度调查，发现中层管理者的参与度很低。"

诸如此类，我的客户关心的几乎都是与人有关的问题。

作为一个帮助公司实现目标的顾问，我想对我的客户们说："虽然我很想了解这些有关人事上的问题，但让我们先来谈一谈贵公司经营计划的进展情况如何？"有些人会产生质疑：如果员工没有积极性，或者职场的工作氛围不好，那么制订经营计划还有意义吗？但真的是这样吗？我并不这样认为。

正如我在前文中提到的，最重要的在于完成任务的步骤。我们必须要认识到，如果步骤出了错，就会让这些问题凸显出来。让我们再拿职业棒球队打比方。如果你是教练，防守方本来应该有9名球员，但你的队伍里有15名球员，那么就安排这15人全都上场。这就是以人为导向的管理方式，即成员型雇用制度。如果你一直深陷于"只要花钱聘用了员工，就必须让所有人都动起来"的思维定式中，就会发生这种情况。用"必须让所有人都动起来"的思维方式，让员工在法定工作时间内必须一刻不停地工作，那么就会出现15名球员全部站在球场上直到比赛结束的现象。没有了替补球员的概念，所有人都是固定上场的球员，每个人都是首发，这让人难以置信吧。没有哪位球队老板能接受这种球员比球队胜利更重要的运营方式，他们肯定会要求将部分球员转换为替补球员或减少球员数量。而且如果出现15名球员全部上场的现象，球迷们也会转身离开比赛现场，不再观看比赛。更糟糕的情况是，球迷还会"炮轰"教练，让他下场。

球队老板和球迷都有自己喜欢的球员，期待他们能够在球场上大放异彩。但团队的胜利高于一切，球员们应该为了球队的胜利而忘我地拼搏奋斗，为观众呈现一场精彩的比赛。这样，球迷们才会喜爱这支球队，才会为自己支持的球员加油呐喊。因此，管理团队时也一样，首先考虑的不应该是人，而是要把目标放在第一位。

我们公司曾经遇到过这样一个客户。我们的顾问正在努力地帮助该公司完成组织变革，计划将其改造成一个能够稳定实现目标的组织。在这个过程中，这家公司的社长突然找到我，对我说："现在由这个科长来当负责人。"

公司的改革小组已经成立6个月了，社长往新组建的团队里塞人也就罢了，现在还要点名启用某人来当负责人。我有点为难，因为这个社长在公司里是"一言堂"。如果得罪了他，就无法在这个公司里推进任何事情，但我还是坚持了自己的立场。不是因为他举荐的那个科长是空降的新手，而是因为这个科长总是把主观意愿挂在嘴边，是一个只会说空话的人。在与社长反复谈话后，我说服他给了我一些时间，由我先帮助这位科长掌握分解任务的技能后，再让他上任。

　　我们在其他客户那里也有类似的经历。有一次，一个销售经理对我说："我想从制造部调3人到销售部。"我向他解释我们已经开始在用以任务为导向的理念管理团队了，并且拒绝了他的请求。因为以人为导向的管理理念没有任何优势，也没有任何胜算。

以人为导向的理念只会凑成一支磨任务团队

　　让我们想象一个理想的情景。首先，一家公司拥有自己的愿景，制订了实现该愿景的经营计划，以及确保有足够的经营资源来实现这一计划。这是最基本的程序，其中，人也是经营资源的一部分。

　　让我们继续用职业棒球队打比方。如果你是球队老板，你本来想要一个肩膀肌肉强壮、能打中外场的球员，但有一个三垒手①看起来不错，所以你在新秀选拔会上选中了他，并打算签下他。但是，如果此时你的球队里已经有了两三个优秀的三垒手，那么不管新球员有多出色，签下他都不是明

---

① 在棒球或垒球的比赛中负责防守三垒的球员，其任务是截获击向自己防守区域的球，并要迅速处理好这些球，与内场手密切合作。——编者注

智的选择。这就是当你用以人为导向的理念进行招聘时会发生的情况，因为你先考虑了人的因素，然后才考虑该怎么做。如果你从任务的角度考虑，就容易想通了。

当然，公司经营并不像体育活动那样，奉行胜利至上主义。不过，我们一定不能忘记，如果企业继续执行成员型雇用制度，会导致团队运营不再朝着最初的目的发展。当你用以人为导向的理念来管理一个团队时，可能会出现大量与目标无关的任务。在最坏的情况下，有的团队甚至会先制定一个任务，然后再试图从这个任务中找出一个目标来，这样就真的是本末倒置了。我把这称为自任务而上的管理。请注意，不是自下而上，而是自任务而上。

让我们回忆一下前文中提到的任务树。最初，有一个树干，然后树干上生出了树枝，接着树枝上又长出了树叶。但是，现在这棵树似乎是先出现叶子，然后才长出树枝的。这违背了事物的自然规律，所以团队运营才显得不合常理。

我以前就遇到过这种情况。A是一名新员工，他为工作起来没有动力而感到烦恼。老员工B知道A的烦恼后，向上级反映："公司对新员工缺乏关怀，这也是离职的员工一直在增加的原因。"的确，近年来公司里的年轻人离职率很高，管理层对此很头疼。因此，员工B提议成立一个项目小组，每周开一次会，专门研究如何激励年轻员工，找到提高他们工作积极性的方法。他还向公司提出了一些如进行工作热情度调查（员工士气调查）、设立员工激励培训班等企划，这些建议相继被公司采纳。后来，这些提案的成效非常显著。事实上，自该项目启动以来，年轻员工的离职率已经有所下降。这个团队也不再仅仅是项目的一环，而是被提升成为一个部门，吸纳了更多的成员，更被命名为"管理支援中心"，当初提出这个想法的员工B也升为了中心主任。

不过，这个故事还有后续。自从员工B因家庭原因从公司辞职后，已经发展到拥有8名员工的管理支援中心就失去了凝聚力，也失去了存在的意义。后来这个部门被解散，年轻员工的离职率又开始上升了。为什么事情会变成这样呢？

当我从这家公司的社长那里听到这个故事时，我把我的感想告诉了他："这种事情一直都在发生。"接着我告诉他："我们很快就能帮你解决这个问题。"事实上，在我们的介入和支援下，这家公司发生了令人刮目相看的转变。

我们所做的事情很简单，就是把各组织变成了刷任务团队。我使用了逆向思维，向管理者灌输了管理模式不是自

任务而上，而是自目标而下的理念。我试着让他们的思维从
"提高士气才会做出成绩"转变为"做出成绩，团队的士气
才会大涨"。

如果抱着以人为导向的理念，就会不知不觉冒出许多新
的工作。然后，在工作出现后，还得想办法为它找到意义。
这样一来，我们就总是很难从"将手段目的化（为手段找一
个目的）"的思维模式中跳脱出来。

是否真的有必要成立一个项目小组，来找出年轻员工离
职率如此高的原因，进行调查以认清现状，或提供培训来激
励员工，提高他们的工作积极性呢？即使不这样做，也有办
法鼓舞士气吧。我当时也怀疑过，在入职之前，这些年轻人
是否真正理解了公司的愿景，并真心希望加入公司，助力公
司实现这一愿景呢？

当时，我找到了上文中提到的新员工A，和他聊了聊。
他当时似乎不太理解公司经营的愿景，也没有足够的动力为
实现公司的经营目标做出贡献。我注意到，他更愿意只优先
主张自己的权利。

在这种情况下，对于抱着这种心态的新员工A来说，他
为工作起来没有动力而烦恼的问题的症结究竟在于团队，还

是在于他本人呢？我觉得如果问题的症结出在员工身上，那么公司在组建项目组之前就应该慎重，三思而后行。如果公司先决定任务，而后再考虑其用意（目标），可能会使员工陷入意想不到的陷阱。

最后，自从自目标而下的文化在这家公司扎根后，年轻员工的稳定性也随之提高。相应地，被解散的管理支援中心的员工最终都从公司辞职了。之前用自任务而上的理念来运营的团队，最后却得到了这样一个遗憾的结局。

第二章 总结

与刷任务团队完全相反的是，磨任务团队中总是存在很多废话。管理者的指令模糊不清，员工们也不知道他们应该做些什么工作（任务）。

任务分解是一种技能，可以通过培训来掌握。许多管理者习惯使用模糊的表达方式，喜欢使用一些空泛的词语，比如"彻底地""积极地""迅速地"等，这并不能起到管理作用。团队中的问题几乎都与人有关。不过，在运营团队时，把目标放在第一位才是最重要的。因为当你以人为导向来管理一个团队时，会出现大量与目标无关的任务。

第三章

管理者要率先带头实现刷任务

区分真任务和假任务

　　到目前为止，我已经写了许多关于任务的内容，不过，任务的定义究竟是什么呢？你能简明扼要地总结出来吗？在这里，我想对"什么是任务"的问题，进行更加深入的思考。

　　当我在一线开展工作时，发现并没有多少人能够理解任务一词的确切定义。

　　"让工作效率更上一层楼。"

　　"吸引更多的客户。"

　　"开发出新的产品。"

　　这些表达全是空泛的口号，根本没有提到具体的行动计划，任务自然也就无从谈起。因此，如果管理者总是泛泛而谈，言之无物，团队就无法快速且有效地完成工作。所以，让我们首先把工作分为项目和任务两个概念，然后再分别明确每个词的定义。

- 项目：为实现一个目标而制订的一系列计划或任务。
- 任务：可以录入日程表的最细节的作业或事项。

例如，"举办促销活动招揽顾客""培训员工""整理车间"等，这些都属于项目。除了这些大型事务之外，还有如"写一份企划书""维护客户"或"组织一次内部学习会议"等，这些可以在几天或更短时间内完成的工作，或者不需要多人参与的工作，也属于项目。任何任务的集合，无论大小，都可以被定义为一个项目。

项目和任务的主要区别在于能否估算出工作所需的时间，如果能估算出工作所需的时间，它就是一项任务，如果是一项任务，就可以列入负责人的时间表中。因此，为了能正确地刷任务，你首先应该确定手里的工作是一件任务还是一个项目。一旦你能够区分出二者，你很快就能养成刷任务的习惯。

刷任务是指快速且有效地处理任务，但如果正在做的不是任务，那么也就没有快速处理的必要了。正如我在前言中写到的，任务必须是从团队的目标中分解出来的。那么，不属于任务的任务具体又是什么意思呢？这是一个非常重要的内容，我想在这里详细介绍。

在日本，有一种叫作"螳蛉[①]（假螳螂）"的昆虫。这是一种在日本很常见的虫子，它的样子很奇怪，虽然长得很像螳螂，但又不是螳螂。它隶属于脉翅目，会像苍蝇一样敏捷地飞来飞去。同样地，不是从目标中分解出来的作业，虽然看起来很像任务，却不是真正的任务。换句话说，它们根本就是假任务。

你应该对真任务和假任务有些了解了吧。第一，请记住，任务一定是由你亲自安排的工作，而不是由某些事件引发的工作。例如，如果一个同事突然打电话拜托你："不好意思，有件事想麻烦你，我真的来不及做完了。你能帮我处理一下这份文件吗？只占用你半小时。"这种被委托的工作

[①] 脉翅目中比较独特的一个类群，具有似螳螂的捕捉式前足和伸长的前胸等特征，外表似螳螂，但为全变态昆虫。——编者注

任务　可以录入日程表的最细节的作业或事项。

这些是与目标直接相关的事项，所以属于"任务"。

◎ 在×日前准备好一份报价单。

◎ 准备10份产品A的资料，一会儿开会要用。

◎ 制作一个新客户名单的范本。

× 向前辈学习如何生成数据。

× 参加项目×的会议。

假任务　不是亲自在日程表中安排的事项，而是由某些事件引发的工作。

不好意思，你能帮我处理一下文件吗？

只占用你半小时。

啊？现在吗？

真任务与假任务的区别

不能算作"任务"，它只能称作一项"假任务"。你可以另行决定该不该做这项工作，但关键要认识到，这并不是一项任务。还有其他工作，比如将客户的电话转给其他人，或阅读和回复你收到的电子邮件，它们都不是你在日程表中亲自安排的任务，所以也属于假任务。

第二，请记住，任务是你亲自用手去做、用腿去跑、用嘴去说的工作。顺路去参加一个会议，或向前辈请教关于工作的事，即使你已经在日程表中安排好了这些事项，它们也都不属于任务的范畴。因为任务应该与目标直接相关。

有人会说："有的事情虽然是间接的，但依然和目标有关，难道也不能算作任务吗？"可这样算的话，任务就会多得没完没了。所以，我们必须划出一条明确的界线。否则，就无法做到总是能快速且有效地处理好任务了。

管理者应该掌握量化的技术

作为管理者，应该带头实现刷任务。这时，首先要做的就是掌握量化的技术。所谓量化技术，就是将我们的感官所感知到的事物数值化，客观地估计以及用数值来表现处理一项工作或事务需花费的时间。让我们用电子计时器等工具来实际练习一下量化技术吧。假设有一个制作一份新客户名单的工作。如果现在让你估计需要花费多长时间来完成这项工作，你会怎么做呢？你会试着思考，但很大程度上，你最后可能还是会说"我不知道"。这是因为制作一份新客户名单的工作不是一项任务，而是一个项目。如果不能正确地分解出任务，你就无法实际运用量化的技术。所以，量化技术还可以帮助你分辨出这个工作是一个项目还是一项任务。因此，在你做所有工作之前，请先试着估计一下工作时间吧。

接下来，让我们试着把"联系客户进行预约"这项工作分解成若干项任务。首先，请回忆一下前文中提到的"输入→处理→输出"的程序。当你弄清了需要输入什么，以及需要输出什么时，接下来前后的任务就会变得清晰明了。比如：

- 核对自己的日程表，挑选出备选日期。
- 访问客户数据库，查询客户的电话号码。
- 给客户打电话，安排会议日程。

按自己的节奏分解出任务后，接下来就可以使用量化技术，来估计完成每项任务所需的时间。

- 核对自己的日程表，挑选出备选日期（3分钟）。
- 访问客户数据库，查询客户的电话号码（5分钟）。
- 给客户打电话，安排会议日程（5分钟）。

这样一来，我们就可以假设完成这个项目总共需要13分钟左右。下一步就是调度和排程，看看把这13分钟安排在哪个时间段比较合适。安排完毕后，准备工作就结束了。我们只需要按照这个时间表来实施计划就可以了。然而在现实中，计划往往赶不上变化，事情不一定会按预期的那样发展。特别是对于从未接触过的工作，安排时间时通常会发生失误。但此时也无须慌张，我们可以使用一个电子计时器，边计时边工作。于是可知：

- 核对自己的日程表，挑选出备选日期（2分钟）。
- 访问客户数据库，查询客户的电话号码（18分钟）。
- 给客户打电话，安排会议日程（3分钟）。
- 通过短信和客户预约时间（给客户打电话，客户没在的情况下，10分钟）。

实际上，你总共花费了33分钟。你最近没有访问过客户数据库，不知道如何登录，所以你花了很多时间去向技术部门的同事询问，或者你给客户打电话，但客户没在，所以你只好给他们发信息。像这样，如果你的量化技术不够精确，或者发生了一些意料之外的事情，你估计的时间与实际就会出现很大偏差。

不过，这都只是最初的现象。你需要一段时间来适应，但终归都能够掌握，这不禁让你发出这样的感慨："我之前没有想到过会这样。""这比我想象的要快得多。"对于过去硬着头皮去做的任务分解，仅仅使用一个电子计时器，就可以使任务分解变得更加轻松。例如，你觉得上司指派下来的工作很烦琐，但如果你能提前估计出做这件事所需的时间，你的观念就会转为"好像15分钟之内就可以解决。那就速战速决吧"。

接下来，我们再做一个练习。让我们把上文提到的"制作一份新客户名单"的项目，分解成若干项任务。

下面是我制定的一份比较粗略的任务清单，以帮助你实现这一目标。

（1）与上司确认"新客户"的定义。

（2）将新客户的标准转化成简单易懂的语言。

（3）确定客户数据的信息来源。

（4）汇总需要列入新客户名单中的信息。

（5）为新客户名单创建一个格式范本。

（6）提取符合新客户标准的数据。

（7）将提取的数据按新客户名单的格式列出来。

如果你以前从未做过这样的工作，我不确定这种分解方法是否适合你。不过，我总是会像这样列出任务清单，然后使用量化技术，估计出每项任务所需的时间。

（1）与上司确认"新客户"的定义（5分钟）。

（2）将新客户的标准转化成简单易懂的语言（10分钟）。

（3）确定客户数据的信息来源（5分钟）。

（4）汇总需要列入新客户名单中的信息（10分钟）。

（5）为新客户名单创建一个格式范本（10分钟）。

（6）提取符合新客户标准的数据（3分钟）。

（7）将提取的数据按新客户名单的格式列出来（10分钟）。

所以，完成这个项目总共需要53分钟。然后，对于那些如果整合起来会更有效率的任务，我们可以将其合并，并再次写下完成整合后的任务所需的时间。

（1）与上司确认"新客户"的定义、客户数据的信息来源、需要列入新客户名单中的信息，并将新客户的标准转化成简单易懂的语言（15分钟）。

（2）为新客户名单创建一个格式范本，提取符合标准的数据并列入格式范本中（23分钟）。

这样一来，7项任务就合并成了2项任务，我们假设完成这2项任务总共需要38分钟。然后，把这2项任务写进你的日程表中就大功告成了。怎么样，很简单吧?

现在，就参考你的日程表，使用电子计时器来真正实现刷任务吧。

我推荐大家使用带有振动提醒功能的电子计时器，既不会产生噪声，也能够有效提醒，所以你可以在办公室、咖啡馆甚至在地铁里使用它。比如，对于如下的任务：

（1）与上司确认"新客户"的定义、客户数据的信息来源、需要列入新客户名单中的信息，并将新客户的标准转化成简单易懂的语言（15分钟）。

（2）为新客户名单创建一个格式范本，提取符合标准的数据并列入格式范本中（23分钟）。

你完全可以一边乘坐新干线，一边处理。如果你乘坐的是从东京开往名古屋的新干线，那么在车辆经过小田原站之前，你就可以处理完这些任务。像这样使用电子计时器和量化技术，并养成习惯，将有助于培养你的时间观念。这是一种知道在什么时间点，可以处理哪些任务的能力。为了培养这个能力，让我们先试着无论做什么事，都用电子计时器来计算一下时间吧。

"吃一碗面需要多少分钟？"

"读20页书需要多少分钟？"

"炒一个菜需要多少分钟？"

时间观念是可以通过不断的训练磨炼出来的，因此，当你养成习惯后，处理任务就变得不再是一种负担，比如"这可以在大约8分钟内完成""这需要花20分钟""用不了5分钟就能搞定，我现在就开始刷任务"，等等。这样，你将能够快速且有效地处理好任务，你甚至会感觉一天的时间都变长了很多。

第3章 总结

　　一个项目是多项任务的集合体。任务和项目之间的区别在于，你能否估计出完成这项作业所需要的时间。要想清楚地区分出真任务与假任务，就必须记住任务是由你亲自安排的，并亲自用手去做、用腿去跑、用嘴去说的工作。

　　学会使用量化技术将你所感知到的事物数值化，客观地估计并用数值来表现"处理一项工作或事务需要花费的时间"。

第四章

能提高工作效率的说话技巧

说话啰唆会导致工作效率低下

　　怎样做才能提高工作效率呢？如果有人问你这个问题，你会怎么回答？我给出的答案是，可以从两方面考虑。一方面是提高作业效率，另一方面是提高沟通效率。

　　每个人都知道提高工作效率应该要提高作业效率，那么我又为什么说沟通效率与工作效率挂钩呢？它又与刷任务有什么关系呢？

　　在本章中，我将在讲解沟通效率的同时，还为你介绍一种对刷任务团队来说必不可少的说话方式——高效表达。例如，让我们来想一想，为什么一开会就需要很长时间呢？我们在开会时，往往一不注意就会越开越长，不能按时结束。本来是预计一小时就能结束的会议，不知不觉就开到了一个半小时。甚至有时候，有的组织干脆直接安排一整天的

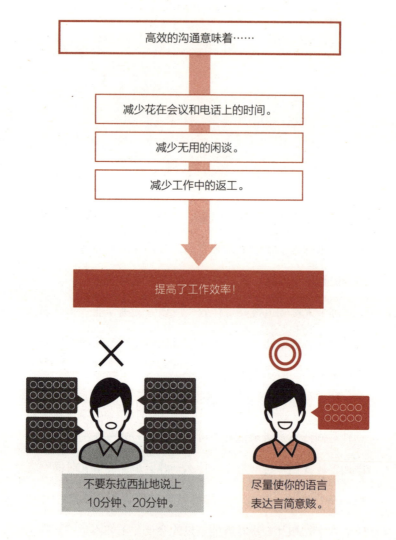

通过高效表达，提高工作效率

会议。究竟是什么原因造成会议的拖延呢？你可能会认为，导致这种现象的因素有很多，但事实上只有一个原因，那就是——啰唆。

问题的原因就是这么简单。讲话的人啰啰唆唆、长篇大论，所以导致了会议总也开不完。只要开会就需要有人讲话，其中往往要么有人长篇大论，要么有人废话连篇，这才让会议越开越长。不仅仅是会议，小型碰头会、吸烟室里的闲谈，包括打电话也是如此。以为一两分钟就能说完的事情，结果说了10分钟甚至20分钟还没有说完，不知不觉时间就流逝了，这样的情况并不少见。所以，讲话要尽可能地做到高效表达，这一点非常重要。

老实讲，我觉得对于日本的上班族来说，比起学习英语等外语，训练如何简洁、清楚地表达自己想说的内容对工作更有帮助。

另外，很多工作上的返工也往往是由沟通问题造成的。如果沟通中造成了双方的误会或误解，就会增加不必要的麻烦和工作。你也曾经遇到过这样的情况吧，误会和误解是工作效率的大敌。

在思考如何提高工作效率时，多数管理者会把重点放在提高作业效率上。其实，侧重于提高沟通效率要快速且有效得多。希望每个人都能养成说话言简意赅的习惯，实现高效表达。

啰唆表达的缩影

在刷任务时，要注意说话的方式。要想快速且有效地处理任务，就要确保能做到清楚地表达出你想说的内容，避免让人误解。这时需要使用高效表达。我把说话简明而准确的行为命名为"高效表达"。与之相反的是"啰唆表达"，那是在刷任务中应该杜绝的。

你的公司里有这样的人吗？在销售会议上讲话时，进入正题之前先找一堆借口，比如"正如我以前多次说过的那样，今年团队在H科长退休，又加入了两名新员工的情况下重新起步，还不确定本期是否能取得与去年相同的业绩。本期我还参与了一些其他业务的工作，事务相当繁忙，所以……"。这是一种名为"自我设障（自我妨碍）"的行为，即当能预见到某种结果会给自己带来不利时，先给自己设立一些障碍。在认知心理学中，这种行为属于"自利性偏差"的一种。比如"开发新客户？本期我要忙着处理老客户的业务，现在没时间啊""本期我们的目标业绩是1亿日元。不过，由于增税等因素，外部环境正在发生巨大的变化，因此能否达成仍有待观察"。

有这种自我设限习惯的人，会提前告诉身边的人存在着一些客观原因，万一事情不成功，那也没办法，不是自己的问题。等真的失败了时，他就会说"我早就说过了"；而如果成功了，他则会表示结果超过了预期，说"没想到能这么顺利"。

在我提供咨询的客户公司中，就有一些人喜欢用这种啰唆表达。想要成为一个刷任务团队，就应该杜绝这种说话方式。因为有些人并没有意识到自己很啰唆，所以团队成员直接应该互相提醒要使用高效表达，以及不要使用啰唆表达。

我们使用的语言会培养我们的思维，所以就算一开始很不好意思，也要积极地宣告："让我们来刷任务吧！""今天也是刷任务的一天。""今天早上刷任务成功。"这样你就能真正地放下包袱。因为你在说这些话的时候，思维也随之发生了变化。大脑的伏隔核被激活，分泌出多巴胺，尴尬感也就随之消失了。

实际上，在许多刷任务文化深入人心的公司里，融入了刷任务精神的词汇也已经变成了公司的流行用语。例如在谈话前，主管会提前打招呼说："来，让我们快点开始吧。注意使用高效表达。"而员工也会回答道："好的。我会注意使用高效表达。"我想，这是因为这个团队在平时就是一个刷任务团队，所以成员之间有良好的氛围，每个人都情绪高涨，工作的态度也很积极。

让我们回到原来的话题。如果习惯了自我设限，就会出问题。原因在于，如果我们总是事先为失败找好借口，那么在想要做出一番成绩而进行练习和准备的时候，往往会不自觉地懈怠。这个结论在过去就早已被一些实验证明。另外，我们还要注意名为"皮格马利翁效应"的著名心理学概念。皮格马利翁效应指的是，来自周围的期望越高就越有可能做出成绩。提前准备好失败的借口，就像在说"不要对我期望太高，我会有压力"。这样来自周围的期望自然会降低。另外，由于家长、老师或上司的期望过低而导致成绩（绩效）低下的心理效应，被称为"戈莱姆效应"[①]（Golem-

---

[①]　一种消极期望效应，主试对控制组被试不抱高的期望，结果这些被试因自信心降低而士气低落，表现不及实验前，从而成绩下降。——编者注

effect）。也就是说，自我设限会引发戈莱姆效应，你将无法正常发挥你的潜力，也就达不到所期望的结果。所以，团队管理者应该不断地督促自己和下属要注意使用高效表达，例如"不要啰啰唆唆地先找一堆借口，你到底想要表达什么呢？我不知道你在说什么，要注意使用高效表达"。

提前找借口只能让自己的心里舒服一点，其实根本没有人会仔细听这些借口，这是在浪费你自己的时间以及听者的时间。因此，为了避免消耗双方的精力，最好打开天窗说亮话，把该说的话直接说出来，不要兜圈子。

高效表达的技巧

高效表达的技巧在于，要从一个对方容易理解的论点引入话题。如果把论点放到谈话的后面，那么就算只是闲聊，也有可能造成对方的误会，沟通的效率也会受到影响。所以，我们说话时要先说论点，也就是所谓的从结论谈起。

在前文中我们把刷任务比作了一棵树，同样我们也可以把高效表达看成一棵树。其中，论点就是谈话的树干。我们可以在脑海中想象出这棵树，构成话题中心的就是树干，树上长着树枝和树叶。按照先讲树干，然后讲树枝，再讲树叶的顺序，依次进行。主要要做到以下三点。

第一，简要地提出最想要表达的话题的论点（树干）。

第二，全面补充丰富论点（树干）的解释说明（树枝）。

第三，单独讲其他的个别问题（树叶），作为对解释说明（树枝）的补充。

这种说话方式叫作"总分法"（whole-part），它是一种首先告诉对方整体观点（whole），再分部（part）进行说明的说话方式。这样能帮助对方厘清思路，是一个非常简单有效的沟通技巧。如果是闲聊，可以不在最后得出结论，留到下次再说，但最好还是尽量避免这种做法，以免造成误会。

要做到高效表达，就应该按照"树干→树枝→树叶"的顺序表达。对于"树干→树枝"的部分，如果能在心里提前想好，谈话会更有成效。例如，可以在心里盘算一下，然后说："我希望你在这份提案中加入客户的需求。其中包括三点，即质量、价格和交货时间。"或"可以把客户的需求加入到这份提案中吗？需求主要有三个，即质量、价格和交货时间。"

另外，像上文这样，在"树枝（解释说明）"的部分，用简短的词语代替句子，会更容易让人记住。然后再简要地谈一谈"树叶（个别问题）"，对"树枝（解释说明）"进行补充。请试试看吧。例如：

"质量就是客户需求的产品质量，它体现在客户调查表上，我想让你把这些信息记录下来。"

"然后是价格……"

"最后，关于交货日期……"

言简意赅地讲话就是高效表达的诀窍。但如果简而言之会被对方误解，或者对方没能实现刷任务，那么这种表达就失去了它的意义。

我想再强调一遍，高效表达是提高团队工作效率的一种不可或缺的说话方式。如果你和一个容易妄下结论，或者喜欢话听一半就开始提出自己观点的人交谈，你应该牢记以下两点：

第一，为"树枝"和"树叶"的部分准备好必要的资料，最好带有数字依据。

第二，说话时要一口气说下去，不给对方做出反应的机会。

怎么样？你对高效表达有所了解了吗？

③丰富树枝的树叶。

①论点 = 树干

②丰富树干的树枝。

第一，简要地提出最想要表达的话题的论点（树干）。

第二，全面补充丰富论点（树干）的解释说明（树枝）。

第三，单独讲其他的个别问题（树叶），作为对解释说明（树枝）的补充。

帮助对方厘清思路。

提高工作效率的说话方式——总分法

你也想摆脱发言前先啰啰唆唆找一堆借口的啰唆表达，改用高效表达来提高工作效率吧。特别是当你通过电话说一些事情时，如果说不清楚，很容易造成对方的误会，所以表达清楚和有礼貌地对话很重要。

说话并不是只要简洁就足够了

刷任务时要注意说话的方式。为了能够快速且有效地处理任务，必须要把话说得清楚明白，以免造成误会。这时就要有意识地使用高效表达。如果团队里的许多成员做不到高效表达，那么团队的工作效率将大大降低。不过，是不是做到了简洁就足够了呢？并不是这样。在高效表达时，避免把内容都省略掉也很重要。

为了提高工作效率，简洁、清楚地表达是很重要的，但有的人只顾着保证表达简短，却省略了一些重要的部分，这就破坏了整体的逻辑性，使对方无法理解你所说的内容。这样还会造成工作的返工，不能实现快速且有效地处理任务。下面，我来举几个例子。

省略论据

有些人只谈结论而不给出论据，也就是不说明原因。例如：

"这项工作我明天早上再做。"

"请把行程表附在企划书的最后一页。"

"希望你去加强与现有客户的联系，每个月的联系次数要达到50次。"

这些表达的结论或指示的论据都被省略了，会让听者忍不住想问一句"为什么"。就算是说话越简洁越好，但如果会让对方不得不提问，你还要回答他的回答，那么其实并没有真正地做到简洁。

在不久的将来，"言语（verbal）交际"将超越"非言语（non-verbal）交际"成为沟通方式的主流[1]。团队成员中，进行非语言沟通的不局限于日本人与日本人之间。日本

---

[1]　言语交际就是用语言表达，非言语交际就是用语言之外的方式表达。——译者注

人与其他国家的人，甚至是与机器人之间，都有可能实现非语言沟通。但为了避免产生误会，需要在沟通时做到准确无误。因此，语言沟通能力就超越了非语言沟通，变得越来越重要。

所以，应该避免诸如以下的对话：

"这项工作我明天早上再做。"

"为什么？"

"你问我吗？因为我今天要一直工作到下午6点，紧接着还要回家为孩子们做晚餐啊。"

"别这么激动，我只是问一下原因。"

"如果你没有看过我的时间表，那你先去看一下再问我为什么吧。另外，我的孩子还太小，不会自己做饭。"

"我知道你的意思。"

"如果你知道，那就别问我为什么了。"

对于一个快速且有效地处理任务的团队来说，这样的对话不应该发生。你应该说出你想说的话，并附上一系列的理由，还要养成这样的习惯。不要想着"对方应该知道"或

这个我明天再做。

???

为什么？

我今天有其他工作要做，要一直做到下午6点。

下午6点之后，我得下班回家照顾孩子。

如果你为了长话短说而省略了原因，那么就会破坏整体的逻辑性，反而会让对话变得更长。

不要省略论据

"我以前告诉过他，所以他应该知道"。

于是，你可以这样说："我今天得一直工作到下午6点，紧接着我要回家为孩子们准备晚餐，所以这项工作我得明天早上再做。"接下来对方就可以说："好的，我明白了。那你明天早上做完后向我汇报。"对话就此结束。

一定不能省略这一点

的确，我们在说话时很容易省略论据或理由。但是，如果不给出理由，有的人会曲解你的意思而造成误会，所以需要多加注意。否则，只会徒增麻烦。

如果一个员工说："这项工作我明天早上再做。"而管理者不问青红皂白地误解了这句话，会怎么样呢？他可能会想"离下班还有2小时，为什么他今天不把这项工作做完？我交代的工作似乎总是被他往后推，是对我有什么不满的地方吗"。如果像这样造成了误会，说实话，很让人心里不舒服。

如果说话的对象是电脑或机器人，那便不会造成误会。但是，如果说话的对象是人，不管是哪个国家的人，还是哪一代人，都有可能产生误会和误解。我们生活在一个多元化的时代，不要认为对方一定与你有相同的价值观或知识结构，从而必须接受你说的话，而是应该始终带着规避风险的意识说话。为了避免被误会或误解，我们应该始终抱着"我相信你一定懂，但我还是要告诉你理由，以防万一"的心态。因此，要杜绝以下表达方式：

"这项工作我明天早上再做。"

"请把行程表附在企划书的最后一页。"

"希望你去加强与现有客户的联系，每个月的联系次数要达到50次。"

而改为以下的表达方式：

"我今天得一直工作到下午6点，紧接着我要回家为孩子们准备晚餐，所以这项工作我明天早上再做。"

"因为在去年的管理会议上，公司规定了所有内部企划书的最后一页必须包括行程表，所以请把行程表附在企划书的最后一页。"

"内部调研显示，我们的现有客户中存在着潜在的需求。为了挖掘这些需求，我们希望你去加强与现有客户的联系，每个月的联系次数要达到50次。"

你觉得怎么样呢？用文字写出来可能显得有些长，但如果你试着把这些话从嘴里说出来，你会发现其实也花不了多长时间。换句话说，从听者的角度来看，不会觉得你在发表长篇大论。你首先需要记住，高效表达的基本原则就是说话时不要省略论据，这样做也能帮助对方快速且有效地处理好任务。

作为一个管理者，你应该做到高效表达，同时对手下员工进行充分指导。

为什么这些表达方式会产生误会

　　接下来，我要说的是一个我在平时就很关注的问题，那就是讲话中省略了比较的对象，这一点很容易被人们忽略，但我认为这对于简短、准确地表达来说，是一个非常重要的部分。例如，"时间太少""工资太低"或"销售能力太弱"之类的表达方式中，"太少""太低"和"太弱"都是表示比较的形容词，所以，使用时如果没有加上比较对象，对方就不能真正理解你的意思。在没有比较对象的基础上开展对话，沟通效率是很低的。

　　高效表达的诀窍在于，尽量少用抽象概念。尤其是表示比较的形容词，它们往往只是一种印象，所以应该尽量少用。例如，"时间太少了，来不及做这么多工作""工资太低了，这种待遇让人很不满"或"销售能力太弱了，产品根本卖不动"。说到这里，听者可能依然会不解地问："那具体是怎么一回事呢？""你说时间太少，那么具体还需要多长时间呢？要花多长时间在什么地方呢？""你说工资太低，那么是与你的同事相比太低，还是与同行业的标准相比太低呢？""你说销售能力太弱，那么是指缺乏销售的技巧呢，还是销售的执行能力不足呢？"

如果像这样要求他们说得更详细一些，有些人的情绪反而会开始激动。这是因为他们只会单凭印象使用"太多""太少""太贵""太弱"这样的表达方式。

当一个员工抱怨说："科长，现在大家都反映工资太低。虽然没有具体比较过，但是一直这样下去也不太好吧？"如果这个科长就这样被对方的气势压倒，回答道："好的，我知道了，先不要这么激动。我去跟部门经理说。"那么他就又被动增加了一个新的任务。接着，科长与部门经理商量后，得出的结论是"其他员工也表达了同样的意思。于是我们决定在人力资源部和社长室之间设立一个合作项目，进一步进行讨论"。像这样，任务就在不知不觉间发展成为一个项目，这就是任务增加的机制。

通常情况下，任务应该是从目标中分解出来的（自目标而下），但现在不必要的任务从土地直接生出了萌芽，悄悄地开枝散叶，最后长成了一棵大树。而这棵树对于团队来说完全是多余的，是不应该出现的。我的意思并不是说不要听取员工的意见。我的重点在于要避免使用表示比较的形容词，首先改掉凭借印象说话的毛病。一开始你可能觉得很不适应，做起来很困难，但当你养成习惯后，就会改掉凭印象说话和凭印象思考的毛病。

其实，我有时也会下意识地使用"较少""较大""较宽"之类的表达方式。然而，这些表示比较的形容词本身就是结论，如果你没有准备好充足的论据，说明你得出这个结论的原因，那么你的话就会显得没有逻辑，令人难以信服。

如果你觉得自己的工资太低，不要直接告诉其他人，而是应该先保留这个意见。然后，自己去寻找论据。不要收集对自己有利的、预设了结论的论据，而要收集能被第三方承认的、有说服力的数据。在这个过程中，如果你察觉到"与我的同学相比，我的工资很低，但我的同学是在贸易公司或信息技术公司工作，而我所在的公司是一家物流公司。公司的规模不同，我们所做的工作也不同。如果与同行业的其他公司相比，我们公司的待遇其实并不低"，你就会意识到你

员工们都
反映……

公司的薪资水平太低。
对薪酬不太满意。

???

和什么相比太低呢？和
同事相比，还是和同行
业的其他公司相比呢？

好吧，我会
和部门经理
谈谈。

使用比较级形容词→凭印象说话。

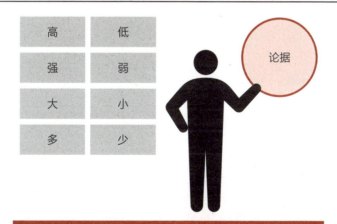

高	低
强	弱
大	小
多	少

论据

表示比较的形容词属于结论，使用这些形容词时需要带有论据。

使用比较级形容词需要论据

之前所得出的结论是一个误解。

　　喜欢凭印象谈论一切的人，往往会给自己或他人造成误会和误解，所以如果你养成了高效表达的习惯，就会避免生出许多不必要的任务。当然，随着论据的收集，你也可能会发现自己的主张是正确的。在这种情况下，就要用带有客观数据的资料说话。它们会成为证明你自己的结论是正确的或是错误的论据。例如"从这里的数据可以看出，在我们公司工作10年以上的员工的工资水平，与同行业相比比较低。因此，这种低水平的薪酬自然会引起员工的不满"。如果像这样汇报，上司也会比较容易接受，并表示："确实如此，这是个问题，我会和部门经理谈一谈。谢谢你的提议。"

　　我还想再强调一下，"高""低""便宜""强""弱""大""小""多""少"等表示比较的形容词属于结论。如果你使用这些词，要养成为它们寻找论据并总结成材料的习惯。这样，你就可以成功地实现高效表达。

将难以描述的事物可视化

前文中我反复提到了省略论据的问题，接下来我想谈谈省略结论的问题。你可能会感到惊讶："什么？还有人会省略结论？"是的，的确存在这种人，并且很多日本人都习惯这么做。当我在业务一线开展工作时，经常能够看到主管或下属在说话时省略结论的情景。例如，当一个下属说："关于开发新业务，我们正忙于接洽现有的客户，所以……"上司则回答说："是这样的，接洽现有客户的工作的确很多，但开发新客户也很重要……"

这样的对话场景很常见。对话的双方都把结论省略了，所以彼此也极有可能都对对方产生了误会或误解。至于下属是想说因为正忙于接洽现有的客户，所以暂时无法开发新客户；还是希望减轻工作量；还是想说"我们会尽力开发新客户，但也请考虑我们在接洽客户时应接不暇的现状"，我们无从判断。有些人会说："从一个人的语气中就能大致理解他的意思吧。"你这么想就太天真了，在朋友之间可能没问题，但在商务交流中，这样是行不通的。下属的话具体作何解释，完全取决于管理者愿意怎么理解，但其实管理者也往往会给出模糊的答复。他的话听起来好像是同意了下属的观点，但他的意思是"尽管如此，开发新客户还是很重要的，所以要按计划继续做好这个工作"，还是"我把开发新客户的工作交给别人去做，你们就先集中精力接洽现有客户"，这都很难讲。

刷任务团队是基于自目标而下的理念分配任务的，所以如果一开始就发现不能完成被指派的任务，那么应该明确地告知管理者，千万不要模棱两可、转弯抹角地说话。另外，对管理者来说，创造一个让团队成员能够交谈自如的氛围也很重要。如果出现一些很难直言相告的事情，我们可以将其可视化，比如写在备忘录上。

只需用简短的话语，如：

"我正忙于接洽客户，所以很难完成这项工作。"

"我正忙于接洽客户，所以我无法做这项工作。"

"我正忙于接洽客户，可以请员工A来做这项工作吗？"

"我正忙于接洽客户，所以可以请你等到下周一吗？"

将难以直言相告的事情像这样写下来，也许能够为自己找到一个破冰的方法。

最后你决定"好吧，就请他们等到下周一吧"。不过在此之前，还应该加一句致歉的话。这样你就可以组织好你的语言了，比如"我真的很抱歉，但我正忙于接洽客户，所以可以请你等到下周一吗"。

作为管理者也应该如此。如果有难以向员工直言相告的事情，也可以像这样事先将语言可视化，从而提前模拟一下，这样就会知道什么样的措辞比较妥当，能够使沟通顺利。

- 我正忙于接洽客户，所以很难完成这项工作。
- 我正忙于接洽客户，所以我无法做这项工作。
- 我正忙于接洽客户，可以请员工A来做这项工作吗？
- 我正忙于接洽客户，所以可以请你等到下周一吗？

决定了！就让他们等
到下周一吧。

对于难以直言相告的事情，事先写下应该如何表达，可以更容易找到
破冰的方法。

对于难以直言相告的事情，提前进行可视化处理

沟通不畅都是说话人的错

　　怎么样？上述内容让你对高效表达有更深入的理解了吗？正如上文中所写的，说话时要注意，千万不能省略了论据和结论。如果说话太过省略，当下听起来似乎说得通，但实际上往往并没有将意思正确地表达出来。这会在不经意间在团队中增加沟通的障碍，诸如"我不是告诉过你吗""我想我以前说过"或"你没有听到我说吗"之类的抱怨也会越来越多。

　　你应该认识到，误会或误解等沟通不畅都是说话人的错。有的人会觉得这是听者的错，因为他们没有认真听。但如果你接受这种说法，你将永远无法改善你的说话方式。你应该清楚地、多次告知对方，直到对方说："我在听。你说了好几遍了，好啰唆。"这是在听者没有做出"我在好好听"的反应的情况下会出现的问题，所以就算他们看起来有点疑惑，也要不断提醒他们。

上文我提到，是说话人的问题导致了误会和误解，不过，听者也应该有所作为。为了配合对方的高效表达，听者也应该集中注意力倾听，检查说话人是否遗漏了论据、比较对象和结论等重要的线索。如果发现有省略的现象，可以按以下方式向对方询问。

● 省略论据：原因＋具体的例子。

"我们新开发的产品卖得不好。"

"为什么你会这么认为呢？产品卖得不好的具体原因在于哪些方面呢？"

● 省略比较对象：与什么相比。

"我的工资太低了。"

"你觉得你的工资与什么相比太低了呢？是与你的同事相比，还是与你在人生规划中为自己设定的目标相比呢？"

● 省略结论：所以呢？

"我提不起干劲……"

论据　原因＋具体的例子

因为新产品的价格过高，所以……

如果像某某一样……

比较对象　与什么相比

与同行业的水平相比，我们的薪资很低，所以……

结论　所以呢？

因为我正忙于接洽客户，所以请将日期改为下周一。

高效表达的三个关键点

"你提不起干劲，所以呢？"

如果听者询问的步调没有契合说话人的节奏，非要打破砂锅问到底，那么询问就会变成审问。这会让说话人感觉到被冒犯，使谈话变得更加复杂，因此询问时一定要适可而止。我还想强调一下，误会和误解是工作效率的大敌。

为高效表达准备材料的两个要素

高效表达的关键在于简短、清楚地表达。另外，讲话时不要省略论据和结论，以避免误解或误会也同样重要。特别是在论据中使用基于客观事实的数据，会使你的讲话更有说服力。

说服是说话人的事，接受是听者的事。如果你这样想就很容易理解了。当你的话具有说服力时，听者就更容易接受。所以，说话时应该做到有理有据，让人信服。下面我来简单介绍一些使用材料进行高效沟通的技巧。

准备材料对于验证沟通是否正确无误，意见是否一致来说，是有意义的。那么，在准备这类材料时要考虑哪些要点呢？主要有两个要点。

（1）只记录必要的信息。

（2）记录事实，而非意见。

记住这两点就足够了。这样一来，你就能够做出一份非常简单的材料。市面上有很多关于如何制作精美文件的书，也有许多模板集。你在准备材料的时候是否也会套用这些模板呢？

编写材料时，一定要注重内容而非形式。因为有很多人把准备材料本身作为目的。其实，这些材料只是为了补充说话人想要表达的内容。说到底，材料应该发挥辅助作用，而不是成为主角。你的目的是让听者理解你所说的内容，所以应该尽量使你的材料简单易懂。

第4章　总结

　　想要提高工作效率，可以从两方面考虑：提高作业效率和提高沟通效率。关于后者，我们应该掌握说话言简意赅的高效表达。

　　高效表达的第一个技巧，是从论点出发，用简单易懂的方式表达。第二个技巧，是在明确了论据即理由后，再给出结论。如果你省略论据或理由，只谈结论，就会造成误解。第三个技巧，是避免使用表示比较的形容词，如"太多""太少""太高""太小"等。不要只凭印象说话。

如何组建一个刷任务团队

许多工作都是无用功

　　组成刷任务团队的成员，都能够快速且有效地处理从目标分解出来的任务。这样的团队与公司里的普通组织不同，刷任务团队的团队意识会更强。人们常说，明确目标是提高组织团队意识的有效途径，但对于刷任务团队来说，成员本来是在一个明确的目标下被召集到一起的，所以就没必要再明确目标了。

　　如果公司和组织像职业棒球球队或日本职业足球甲级联赛球队那样，由一定数量的固定成员组成，那么在转变成刷任务团队时，通常需要进行较大的组织改革。正如上文所述，组织的变革往往会遵循社会心理学家库尔特·勒温（Kurt Lewin）提出的"组织变革过程的三个基本阶段（三阶段变革过程模型）"，即"解冻"（unfreezing）、"变革"（change）和"再冻结"（refreezing）。在我们提供咨询服务的公司中，其中就有经历这三个阶段并完成改革的公司，所以你也可以以此为参考。

接下来介绍的是一个新上任的部门经理在我们的协助下，成功实施了团队改革的例子。首先，部门经理作为领头人，召集了一批团队成员，向他们宣传了公司的经营理念，并向他们传递了管理层对团队的期望。接下来，他还详细地解释了目前外部环境的情况，以及当下公司经营所需要的条件。在某些情况下，如果没有这样的预备知识，后面的讨论就会天马行空、东拉西扯，意见变得过于分散，甚至只能讨论出不合理的想法，或者爆发出对公司的抱怨和不满。因此，在这个时候，应该在团队内共享知识或信息，并确保每个成员都能够吸收。在那之后，大家一起讨论了团队的目标。有人提出了建设性的意见，团队里也出现了一些不想改变现状的抱怨，但最终大家还是就前进的目标（即组织的目标）达成了共识。

到目前为止的这些工作，我认为每个团队都能做到。接下来才是真正的挑战。为了实现这一目标，需要明确成员们的分工。团队中的一些成员必须学习和掌握新的技能或技术，所以往往有人会被要求停下目前正在做的工作。自然而然地，随之而来的是一段时期的"混乱"。一些成员承诺会做某项工作，但却没有做；而另一些成员明确表示不会再做某项工作，却一直在做。

令我们意想不到的是，由于任务是从明确的目标中分解出来的，因此一直隐藏在暗处的假项目和假任务也相继暴露了出来。结果，出现了一系列与目标完全无关的任务，在这些任务中，手段反而变成了目标。于是我们与部门经理（管理者）联手摒除了那些假项目和假任务。

● 科长会议→科长之间每月召开2次会议，包含许多主题。与配合专项主题而召开的刷任务会议重叠，人员也往往不能到齐，所以将其取消。

● 部科长会议→部门经理和科长之间每月召开1次会议，包含许多主题。实际上，会议的重点只是听取前部门经理的意见。由于主题缺乏连贯性，讨论议题时想到哪就说到哪，导致产生了一连串的假任务，所以将其取消。

● 整理各会议的会议记录→我们发现，虽然秘书整理了会议记录，但几乎没有人看过，所以不再整理。

● 编写工作周报和月报→所有成员都被要求提交一周或月度的工作报告，但是有些成员的工作报告上，几乎只是复制粘贴上周或上月的内容。鉴于这项工作已流为一种形式，所以将其取消。

● 摘录业内报纸上的文章→这是一个从业内报纸中摘录有用的文章，并将其分发给成员传阅的任务。但由于没有人知道这样做的目的何在，并且很少有人会真正关注这些文章，所以将其取消。

● 分析行业动向→这是一个汇编互联网上的行业新闻，并将其分发给成员传阅的任务。由于没有人知道这样做的目的何在，所以将其取消。

● 参与其他部门的项目→组织只是让3名成员去参加其他部门的项目会议，却没有向他们指派任务，所以就让他们从其他部门的项目会议中撤出来了。

以上只是一些具有代表性的例子。我们发现了太多目标不明确的任务，于是几乎将它们全部取消了，但是也有很多成员对这样的变革表示无法接受。要说服这些成员中的每一个人是一件非常困难的事情。有人觉得"应该保留分析行业动向的任务。以目前的做法，确实起不到什么作用，但如果换一种方式，就能派上用场"，还有人觉得"应该保留按时提交工作周报的任务。这样可以了解下属这周做了什么，以及他们每天的思想动向。这对我们来说是一个重要的沟通手段"。在很多人提出了意见之后，大部分管理者可能会妥协，觉得确实如此，认为应该换个形式后保留下来。这位部门经理作为部门的领导也犹豫了，但我建议他坚持自己的立场，狠下心取消了这些任务。

给部门的改革设置3个月的期限，3个月后如果你仍然需要那份文件，或者你认为应该举行那个会议，那么就重新考虑是否需要恢复。这样的改革方式比较容易让人接受。没有人认为也不希望自己做的工作是在浪费时间。因此，我可以理解自己的工作突然被取消时那种难以接受的心情。于是我要求所有人耐心等待3个月（根据我们的经验，1个月是不够的）。如果管理者这样建议后，成员们也做出了让步，表示"好吧，那我们就这样做吧"或"3个月后，再重新考虑一下吧"，那么争论就能到此结束了。

其实，所有人在3个月后几乎都会忘记原来的任务，他们还会反过来说："当初为什么要做那份报告书呢？"或

"事后看来，那个会议真是浪费时间。"这是因为，如果他们真的认为那些工作确实有必要，那么一开始就根本不会被说服，还坚持了3个月不动摇。

有时候，现有的组织也可以不进行改革，直接组建新的刷任务团队。就像日本国家足球队组建选拔队一样。这样的刷任务团队的行事风格非常明快，有着清晰的目标，如"新产品开发项目""新业务启动项目""成本降低项目"或"组织文化改善项目"等。不过，在选择成员时必须谨慎。有些人的计划是"我们想改善组织文化，所以正在组建一个项目小组，准备吸纳所有部门的科长成为组员"，你是否也有类似的想法呢？事实上，这是最不可取的做法。不要根据头衔来选择成员，例如，"因为他是科长"或"因为他是次长[①]"，而是要看谁最适合处理自目标而下的任务。

先要选出一个负责人。在选出负责人和决定好要实现的目标后，就进行任务分解，并召集能够处理该任务的成员。组建一个以任务为导向而不是以成员为导向的团队，可以培养刷任务的组织文化。效仿前文提到的畅销书《跟巴黎名媛

---

① 日本公司中介于部门经理和科长之间的职务。——译者注

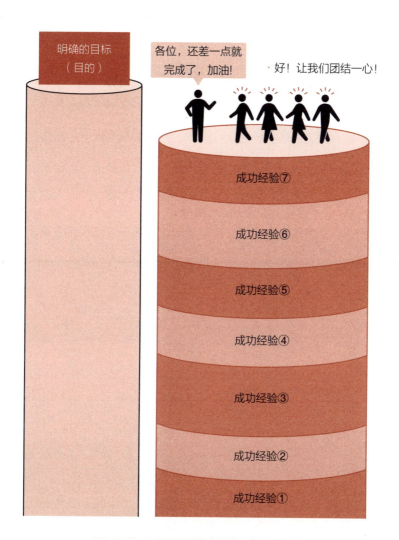

成功经验提升了团队的向心力（凝聚力）

学到的事》中的做法，只关注最本质、最基础的事情是非常
重要的。消除冗余，化繁为简也是日式美学的一个部分。重
要的是要确保团队能够达成目标。为此，应该只让那些能够
正确和快速处理任务的成员开展必要的工作，完成必要的工
作量。如果能够贯彻和执行这样的方针，自然就会培养出合
格的团队成员，因为他们能够积累实现目标和达到目标的成
功经验。如果他们觉得今天比昨天顺利，自然会有信心认为
明天一定会比今天更好。成员从团队中获得了这样的希望，
对团队的认同感（参与度）自然也会增加。

磨任务会议最严重的三个问题

刷任务团队是由能够快速且有效地处理任务的成员组成的。无论是在办公室工作，还是居家办公，都能够高效地完成各自的任务。只有在召开刷任务会议的时候才需要把成员们召集起来，并且只有在以下两种情况，即将从目标中细分出的任务分配给成员时，以及根据项目的进展改变任务的内容或分配时，才会开会，其他时候都尽量避免开会。

我是一个对会议异常反感的顾问。我还写过一本名为《去会议化》（日经商业出版社）的书，如果可以的话，我真希望一次会议都不必召开。到目前为止，我已经从事了近15年的管理培训讲师工作。接下来，我想谈谈一般会议中容易出现的一些问题。谈到会议中的问题，你觉得会是什么样的问题呢？

正如我在《去会议化》一书中写到的，会议中往往存在三个严重的问题，并且这种情况一直没有得到改善，它们分别是：①目的不明确；②做完报告就算完事；③没有决定下一步的行动。其中，以目的不明确的问题最为突出。大多数人在参加会议时，其实并不了解会议的目的何在，因为参加会议本身已经成为一种目的（而不是达到目的的手段）。

我之所以能这样断言，是因为一个人在被要求参加会议时，如果他关心会议的目的，那么在答复"去或不去"之前，应该会先询问"这是一个什么样的会议"。于是，我觉得询问"会议的目的是什么？我参加它的目的是什么"是一件理所当然的事情。然而，有些管理者却只是回答："你去了就知道了。"你是这样的管理者吗？我认为这种思维方式与"只把握事物本质"的理念相距甚远。会议甚至连手段都算不上，它只是服务于手段的工具，所以要尽可能地避免召开这种把会议当成目的的磨任务会议。

刷任务会议到底是什么

可以快速且有效地处理的任务是将一些从目标细分出来的项目进一步分解得出来的。因此，为了生成这些任务，必须有人对项目进行分解。那么究竟是谁来负责这项工作呢？让我们先把这个问题弄清楚。

说实话，有些人并不擅长将项目分解成任务。许多人都可以抽象地描述目标，例如，"让我们为下个月的促销活动做准备，来吸引更多的客户"，但当问及需要采取哪些具体措施（任务）来实现这一目标时，他们往往就无言以对了。因此，任务分解的工作应该以团队的形式进行。

将项目分解成任务需要一定的技巧和经验，老员工都不一定会做，更不用说一个零经验的新员工了。用踢足球来打比方的话，分解项目的人就相当于赛场上的核心球员。该成员可以独立进行任务分解，也可以召集成员，当场把任务分解出来。在这个时候，我们希望你再次在脑海中想象一下"任务树"。

首先，提出"目标是什么？"的问题，以打造厚实的树干。接下来提出以下问题，以确认目标的细节（前提条件）。

- 目标值是多少？
- 最后期限是什么时候？
- 预算有多少？
- 有哪些制约因素？

基于这些先决条件，进一步对目标进行详细说明，例如"在2月12日活动的前一周召集100名信息系统部门的主管。预算为100万日元，包括场地费用。团队成员最多为4人"。

下一步，是写下树枝的部分，即为实现这一目标需要做哪些事情（项目）。

- 列出1000名目标对象的名单。

- 确定吸引客户的方法。

- 在网站上传活动信息。

- 确定预算细目。

- 在预算范围内寻找2月12日可用的场地，并签署租用合同。

- 确定活动时分发的宣传单。

- 在预算范围内寻找能够在活动三天前交货的赠品供应商，并签订订购合同。

- 确定会场工作人员的数量、具体人员和工作职责。

- 召集会场工作人员，说明当天的工作内容。

……

当你这样写下来的时候，会发现虽然只是举办一个促销活动，却包含了许多大大小小的项目，简直是应接不暇。

接下来，就到了考验管理者管理意识的时候了。当你看到这些项目组（树枝）的时候，你会关注哪些方面呢？是细分之后可能会相继出现更多中级项目的"在网站上传活动信息"，还是"在预算范围内寻找能够在活动三天前交货的赠品供应商，并签订订购合同"？

因为我是一个帮助公司实现目标的企业顾问，所以我会优先关注具有高度不确定性的项目。换句话说，相较于那些确定能实现的项目，我更关注那些不确定是否能实现的项目。那么，在这些项目组中，哪一个是不确定性最高的项目呢？如果是你的话，会先考虑哪一项呢？在这种情况下，当然是吸引顾客的不确定性最高了。

活动的目标是吸引100名顾客。然而，无论你有多少经验，你也无法保证能百分之百地招揽到100名顾客。因此，我们应该尽早开始研究哪些方法能有效吸引顾客，敲定后就考虑如何在预算内实施，然后尽快开始执行，以便有更多反复摸索、不断试错的时间和空间。通过这种方式对项目（树枝）的优先级进行排序，然后将其分解为一个个任务（树叶）。

接下来，终于到了任务分解的步骤了。正如前文所写的那样，我们在思考时应该注重"输入→处理→输出"的流程。例如：

"在公司数据库中，有多少名信息系统部门的主管呢？"

"那得先去查一下。"

"谁能查到呢？"

"让我问问销售企划部的员工M。"

"我想最多也就100人左右。如果要做一个1000人的名单，要从什么地方买名单呢？"

"如果要购买名单，需要多少预算呢？"

"让我查一下，交给我吧。"

像这样，团队在提出想法时会考虑到这项产出需要哪些投入，以及谁能妥善地处理好这些工作。将项目（树枝）分解成任务（树叶）时，需要一些经验和诀窍，但如果由团队通力合作，就可以顺利地整理出来。

任务分解有了大致的框架之后，下一步就是确定完成任务的适合人选。是否在刷任务团队内分配，取决于任务的具体内容。如果处理某项任务时，有需要使用到的工具，那就需要找一个能使用该工具的成员来处理这个任务。例如，一项任务是使用Adobe Photoshop制作促销宣传单，那么就算有某个成员表示："我以前从未使用过Photoshop，但我可以从现在开始学习，然后用它制作宣传单。"也不可以把任务交给他，而是应该像下面这样将任务分配出去。

"如果将来有机会需要你制作宣传单，可以让你学习，但目前还没这样的计划，所以我们要找一个会使用Photoshop的人。"

"人力资源部的员工K应该会使用Photoshop。可以拜托他吗？"

"我先去和人力资源部的部门经理说一声。"

"我先把宣传单设计所需的素材都准备好。"

应该始终从以任务为导向的角度考虑问题。如果管理者从以人为导向的角度考虑问题，将不可避免地允许成员按照自己的方式来做事。这样就无法发挥出团队的潜力，目标变得遥不可及，团队的士气也会因此而低落。

工作在一定程度上被分解为树干（目标）、树枝（项目）和树叶（任务）之后，管理者还需要与成员分享树根的部分。那么，树根指的是什么呢？所谓树根，指的是这个目标（树干）的目的，它属于该项目的根源部分。例如，管理者可以告诉成员们："本期开发新客户的目标是10家公司。2月份的活动对于实现这一目标来说非常关键，一定要力争实现吸引客户的目标，并充分宣传我们公司的服务。"然后，与成员共享任务树，并再次把任务分配给成员们。这时，管理者也要听取成员们的反馈意见，如"如果这是最后期限，时间就都排满了"或"如果是这样的话，这个人可能会更快地解决这件事"，像这样在刷任务会议上交换意见，使任务树更接近其完整的形状。

我们需要明确以下四点：

（1）抱着何种目的，来实现什么目标。

（2）为实现这一目标需要完成哪些项目。

（3）项目分解后会产生哪些任务。

（4）由谁来处理这些任务。

接下来，将任务分解成更小的作业单位，小到可以输入到日程安排的应用程序中。正如我在前文中提到的，刷一项任务的时间定在1小时左右比较合适。如果条件允许的话，可以给每个人配一台电脑，让他们在各自的日程表应用程序中写下自己的任务。如果成员们能做到这一步，管理者也会有一种成就感。虽然此时目标仍然很遥远，但毫无疑问，对于原本模糊不清的目标，我们现在已经有了一张通向那里的

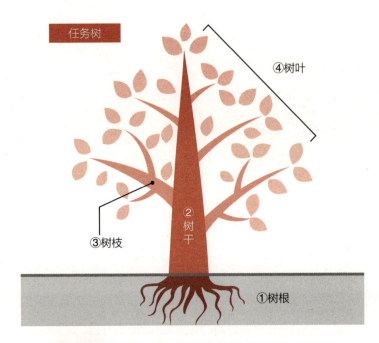

①树根	**目标指向的目的** 与成员共享。	
②树干	**目标** 确定达成目标的细节（先决条件）。	
③树枝	**项目** 写下为实现目标都需要做什么事情。	
④树叶	**任务** 确定开展项目所需的作业以及负责人。	

刷任务会议绘制了通往目标的地图

地图。

这种方法在团队中制造了一种紧张的气氛，让那些想对工作敷衍了事的人感到紧张，相反，也让那些对工作认真踏实的人感到安心。

在刷任务会议结束的时候，管理者可以这样鼓励所有人："接下来，就可以真正地刷任务了，让我们一起加油吧！"

注意避免混合议题

如果想要定期检查项目的进展，也可以通过刷任务会议进行。任务是最小的工作单位，所以不会出现只处理了一半的现象。如果有任务没能按计划完成，那么可能是在成员的选择上出了问题。所以，原则上来说，没有必要对任务进行进度管理。管理者应该在会议上与成员共享项目的进展情况，让他们能够自己把握是否正在接近目标。如果有意外情况发生，可以创建一个新的项目，分解出任务并分配给成员。

我们可以把正在进行中的项目看作一场世界一级方程式锦标赛（F1）。管理者应该告诉成员，要带着争分夺秒的意识去参加会议。而此时的刷任务会议就像F1比赛中的维修站。在会议开始时，成员应充分了解会议的目的，并准备好在会议期间各司其职。虽然不能真的在走廊上跑动，但成员可以感受那种在会议室跑进跑出的忙碌状态。如果成员习惯了开网络会议，那么即使能召开现实的会议，成员也会觉得开网络会议更好，因为可以节省移动的时间。

在确认进度情况的刷任务会议上，应该尽可能避免浮于表面的沟通。这和F1比赛中的维修站很相似。在F1赛车进入维修站后，维修技工不会漫不经心地和车手闲聊，说一些"今天的比赛进行得相当艰难啊"或"今天的比赛有很多状况发生"之类的话。这种没有紧张感的交流可以在比赛结束后进行。比如在目标实现后，可以安排一次聚餐或其他聚会等社交活动来放松。

那么，刷任务会议具体是什么样子的呢？下面我就来简单介绍一下。比如，会议中会出现这样的对话："我已经给名单里的1000人全都发了私信，也给那些有回复的人打了电话。但是只打了60通电话，比预期的200通要少。""销售部正在分头散发传单。不过，销售人员之间存在差异，30名销售人员中有11人分发的传单没有达成目标。希望销售部的部门经理能更多地注意到这一点。""我会告诉销售部的部门经理的。这次活动是为了支援销售部而举办的，所以我会让他们明白这一点。然后，我会在下午5点前与你联系。"

通过这种方式不断地提出解决当前问题的对策，并为解决这些问题布置任务。然后确定任务执行的优先次序，将其分配给成员，最后制定日程表，刷任务会议就可以结束了。

当然，我们不会在一个会议中混合多个议题。正如我们经常看到许多商品上带有"危险，请勿混合"的标语一样，在一次会议中只需要处理一棵任务树。将不同的主题混入同一个会议会迅速导致工作效率下降。因为这样就增加了更多的参与者，当不了解情况的人发表言论时，就会出现毫无意义的争论，只会无端增加风险。

善于利用网络会议的录制功能

　　每当有人问我对于网络会议的看法时，我总是这样回答："就像电子邮件一样，它将成为未来商务活动中必不可少的沟通手段。"

　　你的公司是否充分利用了网络会议功能呢？很多上班族都喜欢使用脸书（Facebook，已改名为"Meta"）和推特（Twitter）等社交网站。2019年的调查数据显示，脸书在全球有接近3亿用户（月度活跃用户），而推特则拥有超过3亿的用户，这两个网站在日本也拥有众多用户，我也经常使用脸书作为与媒体从业者和经营者联络的工具。但是，它们似乎还没能成为与电子邮件比肩的基本通信手段。连我①

---

① 韩国 NHN 公司旗下跨多平台的免费通信软件。——译者注

（LINE）的情况也一样，虽然有许多人使用，但还没有成为商业领域的标准通信工具。

不过，中目（Zoom）和其他网络会议工具可以说已迅速上升到了与电子邮件同等重要的地位。在接下来的一两年里，如果有个客户说："我们用Zoom开次网络会议吧。"而你的回答是："抱歉，我们公司不开网络会议，所以……"恐怕对方的脸上会露出难以置信的神情吧。毫无疑问，网络会议在未来会变得更加普及，所以作为刷任务团队，也应该尽快适应网络会议的潮流。不要说"我不太懂网络"之类的话，只要开始行动起来就好。

我以前在便利店总是用现金支付，但一位和我关系不错的社长对我说："为什么不用智能手机支付呢？我现在出门几乎都不带现金了。"起初，我只是把这当作和社长的谈资，但在我试着使用过智能手机支付后，我觉得他说的一点都没错，智能手机支付非常方便，以至于我现在出门也不带现金了。

网络会议也是如此。起初你可能会觉得设置很麻烦，用起来不习惯，不过一旦适应后，它几乎只有优点没有缺点。我身边仍然有很多人说他们不会用这个，这样一来，在选择团队成员时就会让人犯愁，因为把不能进行远程办公的人选为成员是不切实际的。我推荐这样的人使用录制功能。对于一些对自己没什么意义的会议，比如"你需要参加会议，不发言也可以""只要人在那里就可以了"，也可以使用这个功能来应付。对此你可以说："我就不参加那个会议了，但我稍后会查看录制的视频。"你还可以在观看录制的视频时快进和跳过会议中你不需要了解的内容。

磨任务团队的价值观是"总之先去参加"，但如果只要人在会议上就是有意义的，那就成了为了参加而参加了。刷任务团队不应该让这种会议占用成员太多的时间。

网络会议应该用的沟通法

　　我曾经听到一位著名的培训讲师说过这么一句话："在不久的将来，言语交际将超越非言语交际成为主流沟通方式。"言语交际就是用语言表达，非言语交际就是用语言之外的方式表达。

　　受新冠肺炎疫情影响，2020年许多公司都引入了远程办公的系统。为此，网络会议、在线商务谈判和线上培训变得越来越普遍。事实上，我正是通过一个网络会议工具与这位培训师进行了交谈。我们公司使用大众熟知的在线会议工具Zoom已经有2~3年了，我们一直在利用它与距离我们较远的客户联系，与他们开展线上会议、课程和培训等活动。诚然，当我们通过网络召开碰头会或进行商务谈判时，语言以外的非语言元素将无法被有效利用。下面我来介绍一个案例。

　　在我提供咨询服务的一家公司里，有一位常务董事曾经这样说道："怎么可以在电脑屏幕上开会呢？"他坚持认为，开会就应该面对面交谈，否则就不会有成效。虽然我告诉他："通过缩放，你不仅可以清楚地看到每个人的脸，甚至能比在现实中看得更清楚。"但这位常务董事仍然非常顽固，拒绝改变自己的观点。当我反问他："为什么你能接受视频会议，却抗拒使用Zoom召开线上会议呢？"他又给出了一个理由："我听说有安全问题，这东西很差劲。"在实际工作中，这位常务董事总是双手抱在前胸，靠着椅背坐在椅子上，甚至连我们公司的顾问递给他的材料都不碰一下。两年前，接手了这家企业的年轻社长希望与我们公司的顾问一起在管理上进行改革，而这位常务董事断然表示了反对。

　　正如前文所述，组织改革总是伴随着"混乱"，但这位常务董事却总是想要避免"混乱"。他沉迷于过去的做事方式，不愿意接受新的工作方法和价值观。对于网络会议也是如此。然而，由于新冠肺炎疫情的影响在短时间内不会消退，所以社长决定，将管理会议等所有内部会议都改为在线上进行。就算这位常务董事还在独自坚持必须在线下召开会议，但已经没有人愿意再听他的话了。

然后，你猜结果怎么样？当所有的内部会议都改成了线上会议时，这位常务董事在现实中的"光环"，到了线上就消失不见了。在现实中产生影响的从众压力，也完全失去了效力。

这次的经历证明了一件事情：不愿意发言的人，无论是线下会议还是线上会议，都没有必要参加。

第五章　总结

　　执行任务分解时，会接连出现一系列不必要的任务。这些任务只是把手段当成了目的，根本不可能促成目标的实现。根据头衔来选择成员，如"让所有科长都成为项目组成员"，是不可行的。项目团队的组建应该从选择负责人开始。然后敲定要实现的目标，将其分解为任务，并召集能够处理这些任务的成员。

　　开会时容易出现的三个问题是：①目的不明确；②做完报告就算完事；③没有决定下一步行动。

　　刷任务会议包含四部分内容：①树根：与成员共享目标指向的目的；②树干：确定达成目标的细节（先决条件）；③树枝：确定为实现目标需要做什么事情；④树叶：确定开展项目所需的任务负责人。

要改变一个团队，就要让成员遵守规则

什么是规则

很多人并不清楚规则的定义。我在进行企业管理培训时，经常会被部门经理和科长们问到这样一个问题："横山老师，怎么才能让成员遵守规则呢？在我们的组织中，有许多成员总是对规则置若罔闻。"

你的企业中也存在这样的问题吗？遵守规则从字面上来看，包含着强制的意味，但它对于企业管理来说非常重要。无论一项任务分解得多么正确，成员每天多么努力地工作和拓展技能，如果不能遵守规则，就没办法做到刷任务，而且也不会提高成员对团队的参与度。

而遵守规则的人却被看作循规蹈矩的笨蛋——一个团队不应该出现这样的情况。如果想成为高级别的刷任务团队，就不可避免地要面对遵守规则的问题。那么，如何才能确保成员都能遵守规则呢？我的答案是要能够正确理解规则的含义及其效力，这将转变一个人看待遵守规则这一问题的方式。

与"意识转变"等短语一样，"遵守规则"是一个人人都知道的短语，但大部分人都不知道这个短语到底是什么意思，也不知道该如何实现它。那么，为了让刷任务团队的建设更上一层楼，我就在这里解释一下"遵守规则"的含义。

首先，究竟什么是规则？规则就是需要遵守的规定或制度。人们常说，没有惩罚制度的只是礼仪，而规则往往是伴随着惩罚的。如果从行车礼仪和交通规则之间的区别来考虑，会更容易理解。如果没有固定的惩罚措施，那么它就是一种（行车）礼仪，而不是（交通）规则。我再强调一遍，规则是必须遵守的规定或制度，不遵守就会受到惩罚。

虽然这些社长生气地表示"我们公司有太多员工不遵守规则了"，但如果没有设定惩罚措施，就意味着没有人会把规则当一回事，如果惩罚措施只是象征性地做做样子，那也没有效果。因此，必须对管理者进行培训，确保他们能够贯彻执行惩罚制度。所以我才说"有很多人不了解到底什么是规则"。

另外，正如我在前文所写的，省略论据会降低沟通效

规则　必须遵守的规定或制度，不遵守就会受到惩罚。

在限速40千米/小时的道路上，
以70千米/小时的速度行驶。

立即停车!

您已经超速行驶!需处以罚款和扣分的惩罚!

礼仪　没有相应的处罚制度。

在超市的停车场停车，却不关发动机，太扰民了。

轰轰轰

只有那辆车是这样，很难办。

规则和礼仪之间的区别

率，而规则可以作为推进工作的过程中的各种论据，是一个非常有用的工具。如果成员提出"为什么一定要这样做"，管理者就可以用"因为这是规则"来轻松地说服他们，他们的谈话也就很快能达成共识，管理者和成员也都不再有任何疑虑。规则是团队管理的基础，所以应该制定一套明确的规则。

　　当然，没有必要为每件事都制定规则。就像明确区分真任务和假任务一样，只要明确地区分出这是一种规则，还是一种礼仪，就不会产生歧义。歧义对刷任务是有害无益的。为了使刷任务文化在企业中扎根，就应该确保团队中的大部分事务都有明确的规则。

在团队中制造紧张气氛的神奇法则

当你听到不遵守规则就要受到惩罚时，会不会觉得这太严格了？老实说，我也这么认为。如果有人对你说："这个是规定，那个也是规定。你不遵守这些规定，就会受到惩罚。"你的心里会非常不舒服吧。如果让成员们感到拘束，就会让刷任务团队有失去自由的感觉。

正如我在《用气氛带动工作》一书中写到的，最能够提高工作效率的团队氛围是紧张的氛围，而松散的氛围和窒息的氛围则会降低工作效率。

适度的压力能够激发人的积极性，这被称为耶基斯-多德森定律[①]。因此，我们先来分析以下三种氛围：

---

① 动机的最佳水平不是固定的，依据任务的不同性质会有所改变。在完成简单的任务中，动机强度高，效率可达到最佳水平。——译者注

（1）没有规则，即使有规则，也流于形式。→松散的氛围。

（2）规则与惩罚过多。→窒息的氛围。

（3）设立最基本的规则，同时制定惩罚措施。→紧张的氛围。

从这三种氛围中可以发现，刷任务团队只需要一套最基本的规则。因为最基本的规则更容易被人记住，也更容易让人一直注意。不过，并不是说制定了最基本的带有惩罚机制的规则，就会让遵守规则的文化在企业扎根。因为那些不遵守规则的人，不是不想遵守，而是没有能力遵守。你的团队里有这样的人吗？

因此，接下来要做的是帮助他们掌握遵守规则的技能。你可能会感到惊讶："什么？遵守规则还是一种技能吗？"没错，遵守规则也是一种技能。如果没经过训练，仅凭意识是无法做到遵守规则的。

提高成员遵守规则的能力

为什么会出现不遵守规则的人呢？许多管理者都被这个问题所困扰。其实，和沟通能力或写作技巧一样，遵守规则也是一种技能。有人不遵守规则，是因为他们这方面的技能不足，所以管理者应该让他们的成员意识到这一点。

对于如下的团队规则：

"不要迟到。"

"今日事今日毕。"

"了解目的后再开始工作。"

"当你不能保证任务处理的时间时，请及时上报。"

有些人能遵守，有些人却不能遵守；有些人马上就能够贯彻执行，有些人则需要花一些时间才能做到。为什么会出现这样的差别呢？因为每个人的能力不同。管理者应该向成员传达这一观念：规则本身并没有问题，也不是当事人的动机有问题。他们只是遵守规则的技能不足，仅此而已。

有的人可能会为不能遵守规则找各种借口。不过，管理者应该劝告成员，先培养遵守规则的能力，再说别的。用棒球比赛来打比方的话，那就是在关键时候，击球手被三振出局也没关系，击球手也有打不着的时候。但是三振出局的借口是留给那些有击出安打技能的人的特权。如果你本身就没有击出安打的技能，除非你先磨炼出这种技能，否则没有人会听你为三振出局找借口。

训练遵守规则技能的三个关键点

　　成员要想能够遵守规则，光有理论是不够的，还应该通过培训磨炼遵守规则的技能。那么，如何才能做到这一点呢？我总是告诉他们，应该把这想象成一次棒球的防守，你要做的就是在棒球掉落或飞过你身边时用手套接住它，但这并不容易。成员如果不加强练习，就无法提高防守的能力。简单来说，有三个关键点：①迅速向棒球的方向移动；②密切观察棒球的动向；③调整好手套的角度，准备接球。将这三点转化为组织规则后，就得到了以下三点：①亲自去接触规则；②充分了解规则；③使自己的思想向规则靠拢。

　　接下来，我就依次解释这三点。如果规则在某处有明文规定，自己主动去寻找和发现它们是最基本的态度。和棒球的防守一样，如果你总是站在同一个地方不动，就无法掌握

① 亲自去接触规则。

规则应该写在这个文件夹的文件中。

合同

手册

② 充分了解规则。

差旅费用必须提前申请。

好的，我知道了。

仔细检查，看看是否还有其他需要提前申请的事项。

③ 使自己的思想向规则靠拢。

全球化

工作方式改革

新型冠状病毒

接住了!

要有接受多样性和变化的态度。

如何掌握遵守规则的技能

防守的技能。积极主动地移动是非常重要的。公司经营者或
上司最多也只将规则解释一两次，这样你是不可能记住的，
所以一定要敏感地意识到可能还有其他的规则，并主动地去
寻找这些规则。要注意，那些说"我没有听说过这个规则"
或"或许听说过一遍讲解，但是只听过一次，怎么可能记得住
呢"这些话的成员，就像是一个零防守能力的棒球运动员。

遵守规则时的错误表达

接下来，成员需要能够正确认识和理解规则。那么，怎么能确定自己是在遵守这些规则呢？这需要认识到，如果不遵守这些规则会发生什么。有人会经常这样说："你是这个意思吗？我以为是……""如果是这样，可以把它写进规则手册吗？我以为是……"

有的防守能力差的棒球运动员就会像这样为自己开脱："我以为……"例如，"我没有想到它会像这样被风卷走，我以为……""如果反弹像这样变向，就无法抓住它，我以为……"，而"我以为……"是一个错误的表达方式。总是把"我以为……"挂在嘴边，说明这个人的反应很迟钝。这样做不仅会遭到教练的训斥："那是因为你没有好好看球！"甚至会失去上场比赛的机会："换人！你是在连累球队。"如果他们的敏锐度和认知度较低，就会认为不能遵守规则不是自己的问题，而是规则本身的问题。要记住，对于棒球运动员来说，要做的只有调整好手套的角度，接住球！

最后一点，将你的思维向规则靠拢，这一点特别重要。这一点的内容是要总是能够主动去把握规则，清楚地知道规则是什么，养成不懂就问的习惯。不过，有时候也会出现思维跟不上，反应不过来的情况。思维一时转换不过来，就会让人怀疑"为什么一定要这样遵守呢"。棒球运动员朝着棒球飞来的方向全速奔跑，眼睛紧紧盯着棒球的方向，但可能无法即时调整好手套的角度。如果不解决这个问题，甚至会产生思维闭塞的感觉。例如，我们提倡一种叫作"预材管理"的管理方法，即公司提前准备两倍于目标的预材（预备材料、预算），以确保目标实现。规则极其简单，提前准备好两倍于目标的预材，仅此而已。但是，却有许多人表示他们不能接受。也有人嘴上说："我明白准备两倍于目标的预材的意义，而且我知道，通过这样做我们一定会实现目标。"但他们却无法将思维朝这个方向转变。因为这种理念与他们之前的思维方式不同，所以不能一下子完全接受。

现如今，工作方式正在不断发生变化，我们生活在一个必须接受并适应多样性的时代。在新冠肺炎疫情的影响下，组织规则的变化也会越来越频繁。也就是说，我们就好比棒球运动员，会有越来越多不规则运动的棒球朝我们飞来。这时，如果成员只是站在场地上不动，组织将无法成功运转。重要的是，管理者要确保他们学习和掌握遵守规则的技能。

第六章　总结

　　如果想组建高级别的刷任务团队，遵守规则必不可少。让成员认清规则和礼仪之间的区别。有惩罚制度的就是规则，没有惩罚制度的就是礼仪。遵守规则也需要技能，管理者要确保成员学习和掌握遵守规则的技能。

刷任务顺应时代发展

从零开始的三个R

此前，我已经讲解了如何组建一个刷任务团队。对于那些已经在管理一个团队的人来说，可能有一些方面是你希望能纳入的，但可能还有一些人在想："改造成这样的团队不是很困难吗？"你是怎么想的呢？接下来你将如何改造你的团队呢？下面，我们就详细谈一谈这个话题。

我是一个深入企业业务一线，确保公司实现其目标的企业顾问。我的日常工作是帮助那些不能稳定实现目标的组织和团队实现目标。有许多企业都找我做过咨询，同时我也坦诚地告诉他们，如果真的想改造自己的团队，在迄今为止努力的基础上，再付出20%或30%的努力是远远不够的。如果你真的想改变一个团队，仍然需要再付出100%或200%的努力。然而，我想让你们知道的是，这些努力不需要一直付出，待改革完成后即可停止。

我经常借鉴神经语言规划（NLP）理论来讨论"三个R"，即重置（Reset）、重塑（Reform）和重新开始（Restart）。这三条中的第一条"重置"是最重要的，不过，实现"重置"又特别困难。因为有太多团队宣称"我们要从头开始"或"我们要从头再来"，但随后却没有能够做到"重置"。这种大刀阔斧的改革，如果用电脑或智能手机来比喻的话，就是要将设备恢复到出厂状态，而不是重启。然而，由于有些人并不知道"三个R"具体是什么意思，因此接下来我将介绍，如何运用勒温的"三阶段组织变革过程"，让组织文化本身产生转变。

勒温的"三阶段组织变革过程"

这个组织变革过程的模型是由人称"社会心理学之父"的勒温提出来的，你听说过这个模型吗？

组织变革的过程表现为以下三个阶段。

（1）解冻：颠覆传统的工作方式和组织文化。

（2）变革：学习新的工作方式，新的价值观。

（3）再冻结：引入新的工作方式，让新的价值观念在组织文化中扎根。

我所使用的"重置"一词和"解冻"相对应，就像我使用自创的刷任务这个词一样，我们这些团队的管理者，总是要斟酌用哪个词更合适。我有丰富的现场经验，所以我一直在观察什么样的语言会改变人们的想法并促进组织的变革。在这个意义上，对许多人来说，"解冻"似乎比"重置"更加具象，更容易理解。这可能是因为"解冻组织"的说法更加让人感到震撼，能在人们的脑海中留下深刻印象的缘故吧。在日本，大多数人不会说"让我们重置"，而是说"让我们解冻"，人们在听到"解冻"这个词后，会有更加深刻的认识。

下一个阶段是"变革"。"变革"这个词指的是一种状态而不是一个过程，原本固定的事物已经解冻，所以不可能再保持原来的状态。很多人都害怕这种"变革"，但因为我每天都在让人和组织发生变革，所以我已经见怪不怪了。就像每天做手术的医生突然看见血也丝毫不慌一样。另外，如果我们顾问在现场开展工作时，人或事并没有发生变革，反而说明解冻得不够彻底。不过，让一个不习惯"变革"的人突然去适应它，也很困难。这就像要求一个刚参加工作，没有做过很多次手术的医生在突然看到血时不要害怕一样。因此，管理者应该下定决心与成员一起努力，共同度过这段变革的时期，通过不断摸索，与成员一同掌握新的工作方法和价值观。

解冻 颠覆传统的工作方式和组织文化。

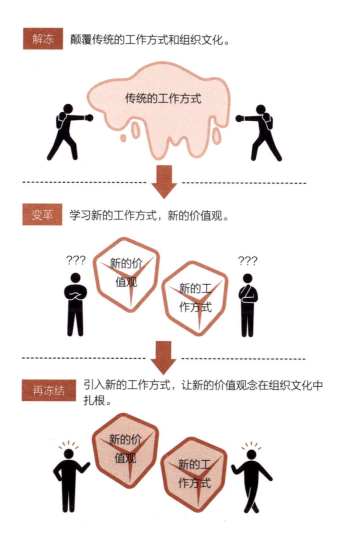

勒温的"三阶段组织变革过程"

的确，一个最初用"以人为导向"理念经营团队的管理者，突然宣布要转变成启用"以任务为导向"的理念，会让很多人措手不及。不过，等过了一段时间情况稳定下来后，成员就会发现变革的优点和缺点。

最后是"再冻结"。这是一个制定新规则的过程，也是一个确立方向重新启动的过程。

在团队改革中永远不要忘记的事

在进行团队改革时，有一件事情是绝对不能忘记的。你知道那是什么吗？那就是有利必有弊。当你对一个管理层、一个组织、一个企业或其他任何团队进行改革时，你必须放弃过去的一些优势。如果你让我执行一个没有任何弊端、让所有成员都接受的改革，那是不现实的。如果真的做到了，那它也就不能称为一项改革了。本书中写到的刷任务团队，是一个管理任务的团队，而非管理人的团队。

如果你要组建一个新的团队，可能不会存在弊端，但如果是把现有的团队改造成刷任务团队，就必须遵循"解冻""变革"和"再冻结"的过程进行。你将不得不放弃一些过去的优势。这一点，希望你能够牢记。

通过刷任务获得成功

我作为企业顾问一直都非常注重结果，一个原因是个性使然，另一个原因是出于客户对咨询风格的要求。我秉持这样的风格已经17年了。我相信，在现在的环境下生活的人们，比过去任何一个时代都更重视目标。

应该关注目标，而非方法。当我们从方法的角度出发思考问题时，会不可避免地只关注手段。所以，我们应该时刻关注目标，牢记我们想达成怎样的目标，应该达成怎样的目标。你有时刻关注目标吗？

随着时代的发展，企业的价值观变得越来越多元化。正如我在前言中所写到的，我认为高级管理人员、中层管理人员和一线员工都应该在三个方面实现成功，即经济上、时间上和精神上。看到这里，也许会有人感到困惑："话虽如此，可实现起来并不容易。我该怎么做呢？"还有些人可能会认为"这三个方面的成功虽然重要，却太过理想化"。这是为什么呢？因为我们往往习惯于从方法的角度，而不是从目标的角度来考虑问题。

我作为顾问深入企业一线开展工作时，情况也是如此。当我在演讲中试图用"让我们实现目标吧"的口号来激励员工时，只有社长和新员工才会振奋地举手赞成。其他大多数人的反应却是"实现目标说起来很容易，可是具体该怎么实现呢"，这就属于从方法的角度考虑问题。从方法出发的思维方式会让人产生压力。因此，让我们记住一个重要的观念，那就是，方法有无数种，而目标只有一个。我不认为世界上有任何目标是你从一开始就掌握方法，知道如何去实现的。

我们目前正处于VUCA①时代。这是一个动荡、不确定、模糊和复杂的时代。请记住，现在不是过去的延伸，所以一开始不知道具体方法是理所当然的。

---

① 易变性（volatility）、不确定性（uncertainty）、复杂性（complexity）、模糊性（ambiguity）的英文首字母缩写。——译者注

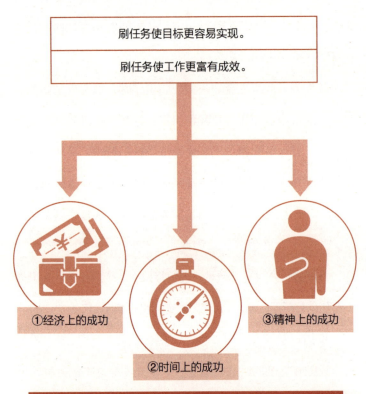

刷任务使目标更容易实现。

刷任务使工作更富有成效。

①经济上的成功

②时间上的成功

③精神上的成功

始终关注"你希望达成怎样的目标，应该达成怎样的目标"，而不是"通过什么方法"。

通过刷任务，获得"三个方面的成功"

为什么要从资金的角度来考虑问题

　　如果不知道用什么具体方法，也可以以"实现三个方面的成功"为目标。要记住的是，你不能同时满足这三个条件，也就是说，"经济上""时间上"和"精神上"是不能同时获得成功的。

　　首先我们要实现的是"经济上的成功"。对公司和个人来说都是这样，我们是一家拥有75年历史的管理咨询公司，主体企业是一家税务公司。我们的许多成员都是税务师和特许会计师，所以他们理所当然会对资金的问题多加关注。如果一个公司的财务体系不健全，将无法达成其成立之初的目的，如实践经营理念，提升员工的幸福感或对社会做出贡献等，这一切都将无法实现。我们有大约1300名客户，如果公司不能很好地管理和控制资金和资金流，那么无论对经营多么有雄心，都会遭受令人失望的结果。因此，首先要做的是完成经营目标，以实现"经济上的成功"，将其与团队的最终目标直接挂钩是第一步。

之后要考虑时间的问题

接下来要关注的是"时间上的成功"。我之前提到了资金的重要性，但只让员工拼命工作的管理方式并不适合当前的时代环境。你可能会同意我的观点。因为在日本，从昭和时期过渡到平成时期后，想通过加班赚取加班费来增加收入的人已经大大减少。现在的日本已经来到了令和时期，人们虽然觉得钱很重要，但也注重把时间花在自己的健康、家庭和兴趣爱好上。对企业来说也是如此。虽然短期资金很重要，但我们正处于一个VUCA的时代，不确定性很高。为了公司的发展，在培养人才、研发等方面投入时间也同等重要。

2019年4月，日本的劳动方式改革相关法案开始生效，首先针对大型企业制定了加班限制的新规定。从2020年4月起，中小企业也要遵守这些规定。社会不再允许企业让员工长时间地工作。一旦企业实现了"经济上的成功"，必须首先确保实现"时间上的成功"，才能考虑获得进一步的经济上的回报。

一切都是为了追求幸福

为什么我们需要实现"经济上的成功"和"时间上的成功"呢？我认为，说是为了实现"精神上的成功"也不为过。

如果经营者没有足够的钱和时间，这对他的心理健康不利。当他看到因为公司的经营目标一直未能达成，金融机构的职员反复来找社长谈话，他会怎么想呢？即使有良好的业绩，还要日复一日地加班也会让人疲惫不堪。日本的将来会迎来"百岁人生"时代，如果工作得那么辛苦，人们的精神和身体都会变得很疲惫，无法持续工作下去，可能会导致压力长期积攒的结果。这就是为什么我们要组建刷任务团队。通过组建刷任务团队快速且有效地处理任务，可以实现这三个方面的成功，因为这里的任务仅指从目标中分解出来的任务。如果你在管理团队时只专注于这些任务，自然会更容易实现目标，而且因为只处理这些任务，你也会有更多的时间。

另外，如果管理的重点是人和时间，而不是任务，那么不必要的工作（任务）就会接二连三地产生，结果就会导致目标无法实现，或者员工每天都被迫加班从事没有意义的工作。如果在员工长期加班的情况下仍不能实现目标，那就是徒劳，这样的团队终将无法生存下去。

不考虑"谁在做什么工作"或"谁在这个时候有时间"，而只关注"谁在处理这项任务"，只做到这一点，就能够实现三个方面的成功。

第七章　总结

　　团队改革需要再付出100%甚至200%的努力，不过，只限于在改革完成之前的这段时间。理解团队改革有利有弊。通过刷任务，实现三个方面的成功，即"经济上""时间上"和"精神上"的成功。

结　语

　　我是一个深入企业一线，帮助公司实现目标的企业顾问。我从事咨询顾问的工作已经有17年了。我和我公司的代名词是"目标必达"，这个短语最初出自我写的第一本书《达成：如何完美实现目标》。可能是因为"目标必达"的标题太有冲击性，太强烈了。这个词甚至被用到了我们公司的服务用语中。此后，我在大约9年的时间里共出版了18本书，不过在这期间，外部环境也发生了很大变化。

　　正如我在本书中所写的那样，对于实现目标来说，尽管目标只有一个，但实现的方式一直在快速地变化。我们在企业开展咨询顾问的工作时，也必须不断改变我们的工作方法。企业顾问在开发管理方法时，不能把过去的方法和价值观直接拿来用。因此，我在书中介绍的各种方法论和方法都必须与时俱进。

　　这一次，本书能够出版，是在出版《达成：如何完美实现目标》时无法想象的事情。"以任务为导向"而不是"以人为导向"的团队目标，会让许多人产生抵触的情绪。对于安于现状的人以及不希望现有团队做出改变的管理者来说，这似乎是一个禁区。不过，反过来想，对于新兴企业的经营者和那些想彻底改革组织的人来说，这种管理方法就会让他们拍案叫绝："竟然还有这种方法啊。"

每天吃山珍海味就代表富有的时代已经过去了，越来越多的人不再一味地追求物欲，用最低限度的物质来满足自己生活的价值观已经成为主流。刷任务团队恰好符合了现代社会的价值观。

这里有一个真实的案例，有一家受到新冠肺炎疫情影响而陷入经营困境的公司，就是凭借刷任务的理念度过了危机。那是一家老牌的机床贸易公司，拥有约80名员工。因受到国际贸易摩擦以及新冠肺炎疫情的影响，公司的业绩大幅下滑。如果情况继续下去，该公司将不得不着手进行大规模的重组。好在该企业的社长找我们咨询时，公司内部已经处于动荡的状态。我认为，由于不必经历勒温的"三阶段组织变革过程"中的"解冻"过程，那么公司就能更快地进入"变革"的状态，并"再冻结"。于是，在短短三周内，该企业就经历了一次重大的转变。我们只花了大约八天的时间，就帮助公司组建了四个刷任务团队，打造出了一个90%

的员工都可以居家办公的远程工作环境，并就远程工作时应使用的方法和具备的心态对员工进行了培训。

公司还组建了一个专门的刷任务团队，对其进行业务培训并使其能够彻底执行，以确保所有的内部会议以及与日本及国际客户的商务谈判和会议都能在网上进行。大多数员工没有居家工作的经验，对远程办公不熟悉，这似乎会引起很多人对团队运作的担忧。不过，由于每个小组长都只专注于任务，因此并没有产生不必要的焦虑或怀疑，工作得以顺利进行，团队被改造成了一个坚实、精干的组织。

90%的习以为常的例会和工作流程也都取消了，现在很多员工都说，不知道过去为什么要做那些工作，有的工作很鸡肋，几乎没有做的必要。他们已经意识到，真正需要做的事情在别的方向。曾经一筹莫展的员工重新振作了起来，公司也能够像疫情之前那样顺利经营下去了，这都归功于整个组织现在只关注目标下的任务。

在当今社会，数字工具正不断发展，经营环境充满了不确定性。从目标必达的角度来看，我认为企业必须专注于团队的目标。公司的规模应该与人员数量成正比。我在想，现在已经不是一个追求规模的时代了，所以人们才更愿意组建以任务而不是人为导向的团队吧。

现在的日本，想加入大公司的年轻人和想成立上市公司的经营者比以前少得多。一些大公司会劝退45岁以上的员工，即使他们有很不错的业绩。社会上也出现了"摸鱼大叔"这样的流行语，来讽刺职场中那些拿着高薪却不干活的中年人。

企业应该知道，陈旧的组织将无法适应VUCA时代。只有成为一个强盛的公司，才能够回馈社会，为人们提供幸福感。问题在于，企业如何才能一直保持强盛。正如本书所写到的，只处理从目标分解出来的任务，不能算真正完成了工作。关键在于，应该建立什么样的团队来实现目标。

最后，我要感谢我的编辑谷英树，感谢他对本书的大力支持。在我们相识的四年多后，我终于完成了这本书，在此对他表示由衷的感谢。我希望有更多的管理者能够以本书为契机，在日本建立许多强盛并具有社会影响力的组织。